OHUNGIPEKE

Onakuziwa yetu mOshiitalelo

MOSES AMKONGO

UNAM
PRESS
UNIVERSITY OF NAMIBIA

University of Namibia Press
www.unam.edu.na/unam-press
unampress@unam.na
Private Bag 13301
Windhoek
Namibia

Cover design: Nambowa Malua
Illustrations: Nambowa Malua
Copy-editing: Petrus Mbenzi and Sakaria Taapopi
Design and layout: Nambowa Malua

ISBN   978-99916-42-49-9

The views and opinions expressed herein are the author's own and do not necessarily represent those of
the University of Namibia.

Distribution
In Namibia by Namibia Book Market: www.namibiabooks.com
Internationally by the African Books Collective: www.africanbookscollective.com

Kala wu na eliko lyoowino, oondunge nomayele,
mbyo to si nayo. Shi vulithe omizalo, iikulya, iipako,
iimuna, iimaliwa nayilwe to ke yi thiga po.

OSHIKALIMO

Etunoko

Omuvali gwonalenale, ngiika sho a li e wete iinima yontumba noyongandi hayi ningwa ngaa, ihe kapwa li ngo ha ti ko sha, a tune ko ootuu; opo a za ta ka luka omwana edhina "Kakutunwa".

Kembo ndino, ngame sho nde li lesha, onda kwatwa kohwehwe nonda hala okutuna ko ngeyi.

Pwa piti ngashingeyi, konyala omimvo 100-200, okuza kethimbo aazaazayi yokuEuropa yi iteyele muAfrika, mwa kwatelwa wo Namibia. Okuza tuu kethimbo ndyoka Omuafrika ina tyapula we eipangelo lyonkalamwenyo ye, ngaashi osho sha li sha kala shito, okuza komayuni gooyinakulu.

Ekanitho ndyoka lyeipangelo olya kwatele mo wo elaka lye lyokupopya, uuthemba we wokulela egumbo, omukunda noshilongo nokuli. Shoka osha kwatele mo ishewe nuukwaaneitaalo we, uupolotika, iikulya nomizalo. Omahupilo gawo nonkalathano naashiinda nayo, inayi kala we ngaashi shito. Aluhe omuthigululwaputuko gwoshigwana kehe, ohagu longo owala nawa uuna inaapa holoka gulwe, ngoka gu li ompinge nenge gwa talika ogwo gu li mondjila.

Konena ndjino, oku na yamwe yomAafrika taya tukulutha omaludhi, opo ku talululwe muule kashona miilafululo yaahoka kwa zilwe nomiinkoti ya taagulukwa; opo shono Afrika a kanithile momakuyunguto ngono, ngele osho tuu natango shi na ongushu yi vule yaashoka Afrika i ilikolele momakuyunguto ngoka.

Omunyoli okwa hupula ethimbo lye opo a ninge ehitilila, a landula oshinkoti shoka sha ziwa. Molwashoka, aniwa ombindangolo ihayi lyatwa epwanga, okwe tu hitululile mo iinenenima yomoonkuluhedhi, mumbyoka oyendji yaandjanakanena hatu yi uvu owala omapupatsi, nenge ngokatanakomiilya.

Omunyoli nguka, onakuziwa pombapila okwe yi tula nawa nonuukeka noku yi thamuna mo nawa, mpoka ta vulu, melaka ndyoka kwa li hayi popilwa pethimbo lyayo. Okwe shi ninga, opo u ulike omukalo ya kala hayi longithwa.

Poompito odhindji omunyoli okwe shi ulika wo kutya, omolwashike iinima yontumba ya li hayi longithwa naamboka ya li ye na uuthemba woku yi longitha nonkene kwa li haye yi longitha.

Oshikwawo, sha mana kembo ndino, osho edhina lyalyo *Ohungipeke* ndyoka lya lukwa komunyoli.

Onda tompelwa kutya, embo ndika *Ohungipeke* otashi vulika li ka kale olyo lyotangotango lyoludhi lwalyo, lya nyolwa komvalele yoshilongo, melaka ya yama nolya teneneka puuyelele oohedhi adhihe nomikalondjigilile dhomuukulukulu woshigwana shetu.

Pakutala embo *Ohungipeke* olyoku ka hulitha po oondjodhi dhomutenya, dhaayagumi yamwe, mboka haya yaguma aniwa esiku limwe naya ka hungile naaputudhwa yawo piinyanga yomililo dha sakalwa niikuni opo pu etululwe ando shono sha li po.

Otandi popile embo ndika noshikalimo shalyo notandi kumike aaleshi yembo Ohungipeke ye shi ninge neyitulomo okuuvako onakuziwa yoshigwana shetu nokukwatela po onakuyiwa yoshigwana shetu.

Sebulon Ekandjo
Oniipa, 11 Septemba 2013

Uuyamba wetu

Manga enongeko lyoshinanena nolyopaigwana inaali thika miilongo yaAfrika, aantu kaya li ando yaahe na eputudho pamukalo gwawo. Aavali naatekuli nkene ya za oyo aanongeki yoyana noyaatekulwa yawo. Aantu kaye na okulelwa ohedhahuka nokulya ohukulapakapo.

Omahala gokunongekela, okohi yomuti momuuhalo, opoohungi momagumbo, omiilonga yopashigwana yoludhi kehe, omomagumbo gomalenga nomoombala dhaawa.

Elalakano okuzula nokutsika oohedhi maaputudhwa, opo ya koke aantu, ye shi okuzapo nokuyapo. Ye na etilo lyaakuluntu, esimaneko, evuliko nowino paakuluntu nkene hapa kalwa.

Aantu ya kale ye shi okwiikwata nawa, okupulakena nawa nokunongela nawa oshoodhekwa shomulombweli, nenge shomutumi gwawo opo *yaaha koke edhelele nokagulukondjuhwa.*

Omunyoli Okambonde, Oniipa, 2014

Omapandulo

"Waa pandula no yaka", ye "e ku pe okashona e ku hungu omwenyo"; aakuluntu taa ti. Mokutumbula ngeyi, aakuluyonale oyu uvite ye na okupandula nokufuta pankalathano mboka ye ya kwathele moshilonga shontumba nenge ye ya ulukile ondjila opo ya thike nkoka taya yi.

Omunyoli wo gwembo ndino *Ohungipeke*, oku uvite ta kala e na ongunga ngele ina pandula mboka ye mu kwathele momikalo dhi ili nodhi ili okuholola po embo ndika. Onkene omunyoli tango, tango ota hambelele Nampongo sho e mu pe omadhiladhilo, noonkondo okweetapo embo ndika. Moonkambadhala dhokuholola po embo ndino, omunyoli okwa pula noku ya moonkundathana naakokele oyendji mOwambo, ya hula ko naamboka ye li ko, mboka ya mona oothinge odhindji, noya tseya nokukoneka oohedhi dhOshiwambo. Omadhina gawo nande haagehe taga ka tumbulwa; oye shi okupandulwa noonkondo omolwa omakwatho ye ga gandja mushika gaahe shi okudhimbiwa.

Tate Seblon Ekandjo nameme Frederika Nendongo – Namba, oyo yamwe yomwaamboka ya li ya kwathele mokuleshulula embo ndika. Nokwaahepo kwawo, ando etumwalaka lya nunimwa okutuminwa epipi lyonena okupitila membo ndika ando inali za mo, lyo li tumwe lya yela.

Tate Malakia Gwaashana Amuthenu, Tate Johannes Mvula Amulungu, Tate Petrus Nalupe, Tate Sakeus Mbangula Iipinge, Meme Hertha Hango, Meme Ruusa Moses Kandume, Meme Linda Paulus Shikongo naMeme Ester Nakangula Asser Iimene oye shi okupandulwa omolwa omakwatho gokugandja uuyelele wi ihwa po kombinga yoohedhinkalelo dhoshigwana shAawambo.

Nokwaaha dhimbwa ondhikwa koshilwa, omunyoli ota pandula omuholike gwe Meme Aune-Saara Amkongo, oluvalo naanegumbo ayehe osho wo aakwanezimo ayehe sho ya kala ongudhi onene mokuyambidhidha eholokepo lyembo ndika *Ohungipeke*.

Aaholike, "Uuyuni hamiti ihe aantu tuu." Onkene, Nampongo ne mu gwedhele ko kuuyamba weni.

Peha lyomunyoli
Mahevo Amkongo, Omuvalwa
Windhoek, November 2018

Efalomo

Omathimbo ngaka ohaku ipulwa olwindji noohedhi nonkalo yomapipi gonena. Opwa dhimbululwa olweendo nondjila yago yaaha wetike, nko tayi zi naanko ya thinda. Yo aatalinawa yamwe taa hala ishewe okweendelela nokupangula, molwomadhiladhilo gawo ga fa ga kankamekelwa mehulungu lyoombepo tadhi imbagana monkalamwenyo yomathimbo ngaka.

Yalwe ohaya thikamenwa ishewe keipulo kutya, ngiika oshike sha teya ongombe olwiinga, ye omusita kaaha li nondhimbo?

Omaipulo otaga vulu okutsikilathana ngaashi ando kutya: Epipi ndino otali tseya ngiini iinima yomonakuziwa, pamwe kaku na aatseyithi nomanyolo? Otali tseyithilwa peni iinima, ngele iinyanga ihayi sakalwa we, nenge kaayi pwiilile nokuli?

Kashi shi tuu kutya, elongo piinyanga yethimbo ndino, ngaashi ya lukwa *iimpenyuna, iipanyameho,* nenge *ondungetayikana,* yo oyo tuu hayi hungilwa unene kepipi lyonena, elongo lyokiinyanga ya tya ngawo ihali mana po tuu ethimbo nokukonkola mo elongo ndyono li na okukalapo?

Uukwatya nomalongo gopiinyanga yuuputuki noyaahe na shithonono, hawo tuu tawu nwetha mo aantu oyendji noku ya kanithitha ethimbo lyuuteku wa pumbiwa nowoshili? Mboka ye shi hala openi taye shi uka, ngele pamwe kashi na wo ootu mpoka sha tsilikwa, nenge sha pungulwa mokapulupulu ke shi okushukwashukwa, mu ze sha tashi kwatha?

Omayamukulo komaipulo nomayiyagumuno goludhi nduno ngiika oge na okuhadhwa molweendo nomonakuziwa yoshigwana. Ku dhimbululwe ngele epipi lyonena olya mona nolya uvithwa ko tuu nokuminikilithwa omaukwatya ngoka ga sindwa noga dhikwa po monale kaatetekeli naayali yoohedhinkalelo niithigululwanima yoshigwana, mbyoka iiwanawa notayi shi fala ko.

Lyo ewi lyokomwenyo onkene ngaa hali lombwele omuputudhi nomutekuli gwoshili kehe tali ti:

> *Iinima mbika mu na oku yi hokolola noku yi longa aana yeni; ya dhimbulule, yo ya tseye hoka kwa ziwa. Naa pewe owino tayi ya kwatha, oko ya tungile onakuyiwa yawo nehumokomeho lyoshilongo shawo, kekankameno ndyoka lya yalekekwa nale nawa kooyinakulul**u**lu pontsapo.*

Aanamatseho ngele ya tonata, taye shi mono, yo taye ke shi hempulula shito nohokwe kutya, *"Ku ziwa- Ku shunwa!"*

Ondhinokalunga, evundakano nengwangwano, eulumbwambwo, elompauko netumpakanitho lyiinima, iilalapundo niindumbu, ondiinkwatela, eihoyomala, edhipago lyuunona nolyaakiintu/lumentu neidhipagomwene, iipwaendo niihayotwa yoludhi kehe tayi inyenge mepipi lyonena nomoshigwana shino yaaha fele ko, oyo *oshiimati shelyatelopevi lyuuteku wokolukona lwoshigwana* shika.

Eeno, eputuko lyoshinanena nolyopaigwana olyo oshinima sha simana shili, noshi na ondilo komuntu gwepipi kehe. Ashike nando li kale mookathele newanawa ngiini, ngele inali ikwatelela koshimbu yomuhumi, ketilokalunga, kesimaneko lyaakuluntu, kekota nokoohedhi dhuukwashigwana womuputuki, itashi kumitha eputuko ndyoka, ngele tali talwa nokulukwa kutya, olyo *Namutseyatsikwoombinga.*

Iiyimati yalyo yopankalathano otayi kala iipele, yi vulike nokoosandandi. Ihwepo ngele ontunankwi tayi ishuna kefundo; oshigwana shi tale nawa miilafululo yoohedhi dhasho shi dhi tongolole; ye omuputuki a tegameke iinima, a lithe eputuko mpoka lye mu ukitha, peha lyoku li fumvika.

Mokuninga ashihe shomuupe, omuntu ni ikwambeke kumbyoka oohedhi dhoshigwana hadhi kumagidhile olwindji omuntu, ngaashi ando paitsa tayi landula:

- omuntu ke shi Ngumayevi, kokutya, ke shi kalako, onkene na mwenye melandulathano ndyoka a tulilwa po.

- ku landulwe noku kaliwe mumbyoka yoshili tayi pala ondjila yonakuyiwa yomuntu.

- ku yandwe iiholelwa yomikalo omikwiilongo tadhi pukitha notadhi shundula omuntu.

- ku talwe nokukonakona aluhe nawa, shoka omuntu a hala a hume komeho musho.

Nokuli ndishi iigwana iikwetu mbyoka ya putuka, yo oyo ye eta elongoputuko muAfrika, nayo wo inayi ekelahi nando iintokohedhi niithigululwanima yayo, mbyo ya hupithilwa po noya fulafula miitekela yomadhiladhilo konima yomakuyunguto. Molwashika oya tunga oompungulongulu moka ya pungula iikangwa yiikulunima yiigwana noyiilongo yawo kaayi nene po, ngambyoka ya kanena mekolonyekwo lyawo. Iigwana oyo tuu mbyoka oya gongela po iikulunima, iipako, oonkinda naashihe shoka ya tonditha aantu noya hula Aayafrika muka, peha ando lyoku yi ekelahi oye yi pungulikika.

Komaende gamwe iihakanwa oye yi ninga iitanithiliko, sho ye yi tula momatenenekihala, momaanekelelihala (hol omakolotse gAanamibia), giilongo yawo, opo omaluvalo gawo gi ilongele ko mokulolalola momailongo gawo. Aayendanandjila yokiilongo yilwe, nAayafrika wo, ya wape okweentamenithwa iikulunima yOshiafrika, nando oyindji ya za memonitho lyiihuna lyawo kaazaazayi.

Iiholelwa iikwawo yimwe yi shi kutumbulwa ongaashi sho hashi vulika haa ti:

"Ndika emanya lyOshilongo shontumba, Mbika iilongitho yonganga onene, Ntumba yaNgandi, ya li penipeni muAfrika, Tala omupepo ngoka, Aayafrika ya longitha nale okuhemuna iiwengendje."

Ombinga yimwe shika osho oshikumitha, esithahoni noshiponga, omuntu he ki ilongela iinima yaandjawo komagumbo, a fa inaa za megumbo; nuuna pe na ngono ta ninikidha ontseyo muyo yi tenenekelwe epipi kehe, ohe endjwa mo nokupewa oombedhi, ngiika inaadhi konakonwa nga nawa. Iikulunima yopashigwana hayo tayi shuna omuntu muukulu, shila oongoka omutengauki nale. Ontseyo ndjoka yiikulunima otayi yamukula owala epulo ndjoka hali nyenge aavaliputudhi oyendji yomapipi ngaka, hali ti : *"Meme, openi nda za?"*

Napa dhimbulukiwe wo omatumbulo ga kola nomawanawa gAakuluyonale ngoka haga ti:

"Nekwalyatsima oye ngaa nyoko, ooyina yaantu ihaya lililwa."

"Omukuluntu ke shi egoya, shila omwiinayi owala koshipala."

"Omafuma omape, kage vule omakulu okuzima."

Omatumbulo ngaka nomakwawo ogendji oga za muukulukulu, onaga dhimbulukiwe tuu nokudhiladhilwa aluhe muule wago nawa, oshoka kashi ukile omuvalwa ta si yina ohoni.

Embo ndika nando lya nuninwa omuleshi kehe, otali neke unene omapipi omape. Unene aantu mboka ye na ohokwe nehalo lyokutseya sha, haa uvu uuntsa netumba lyuukwashigwana shawo. Haa simaneke shoka sha dhikwa nosha kwatelwa po ketaambathano lyomikalo omiwanawa dhoshigwana. Haa kuminwa iilukwa yomonakuziwa noohedhi dhAakuluyonale, hoka ku na okukuthwa ayihe mbyoka iiwanawa noyoshili, tayi opalele oshigwana nomethimbo lyehumokomeho lyasho lyoshili. Okutungitha onakuyiwa yoshigwana ya kola, yo yi shi nko ya thinda. Shika otashi kandula po nokuyanda onkalo yuulimalima, kushaandjeni wa za, kaandjaKantsa inoo thika ko.

Eholoulouliko lyomikalo, lyomisindilo, lyoongano, iituthi yopashigwana niikwawo, ya tenenekwa momapandja gembo ndino, kayi shi nande okugalulila okwaahaputuka nokushundulila epipi epe monkalamwenyo yuushunimonima noyuukweyi, sha fa shoka tali likola mombwalangandja yonkalamwenyo yonena ndjoka yu ulumbwambwa.

Oshoodhekwa nethikilo lyoshikalimo, osho okuulika onakuziwa yuukwashigwana shika moshiitalelo, aantu yu uve, ya dhimbulule nokutseya ngaaka mpoka pwa ziwa nonkene sha li.

Omadhiladhilo gomuleshi mwene otaga vulu okutegameka, okupangula nokuninga ehogololo, opo iinima kee yi kuthe ko kaposikayaalela, omukogwombwa nomuufudhime wokwaashiwo. Iinyangahungi yonena sho ihaayi sakalwa noihayi kalwa we koyendji, dho oohungi dha shituka iipopilamalundu nokwaanankuluntu, omuleshi na kuthe ano embo ndika *"OHUNGIPEKE"*, a ende nalyo peke, opo mompito kehe ti iyadha a pumbwa okuhungila, yo taya ti po nalyo!

1
Iituthi iinene ya
simana yopashigwana

Aakuluyonale oya kala ye na iituthi yawo yopashigwana, ya yooloka kumbyoka yethimbo ndika. Yimwe mbyoka ya li ya simanekwa unene, ongaashi: ohango (yiitsali), edhiko lyegumbo, etalo lyelugo, ekulo lyeelo, oshuuto/epiitho lyombuto noshipe.

Omahala giituthi yethimbo ele oga li ga dhikwa koombinga noombinga moshilongo.

Ontumbu yohango yiitsali oya kala ya kwatela mo unene iilalakanenwa niinenenima itatu:

1. Enkondopeko/ shilipaleko lyoluvalo momufukikwa

2. Etaagulukithilo neopalekelwo muukuluntu lyomufukikwa

3. Ekwatakanitho lyomufukikwa noombepo dhaathithi, hashi pitile momafikilondjambo gombinzi yongombe, ndjoka hayi tselwa po nomehikilwo lyontunda, ndyoka moshito lya kala endhindhiliko lyuunenentu, unene tuu waawa.

Oshitambi

Omahala goohango mOndonga oga li ga dhikwa koombinga noombinga dhoshilongo, opo aantu yaaha ende oondjila niinano iileelee, uuna taa fala oyanakadhona ya ka fukikwe. KOshitambi okwa li omahala gopaali, *Onambeke nOnangombeyiitulu.*

Agehe oga li pomudhingoloko gwegongalo Onayena.

Onambeke oyi li puAmunwe gwaNtinda, hali tonatelwa kAakuusinda. Namunganga a hugunine po, omukulukadhi oNuule waNdhila, a li ha kwathwa kumumwayina Shipanga shaNdhila.

Onangombeyiitulu olyo ehala etiyali lyohango kOshitambi nokwa li hali longele kumwe nOnambeke. Namunganga gwalyo okwa li Iimene yaKaandje, ngoka a li kuume kopothingo komukwaniilwa Nehale lyaMpingana.

Mumvo lumwe omukwaniilwa Kambonde Sheepo shaNamene okwa li e na mo aafukikwa miitsali mOnangombeyiitulu. Esiku limwe okwa yile ko nomalenga ge, opo a ka tantele aakadhona ye. Mokuumba ondjembo, ndjono a li a kwata noshikaha shimwe, oholo oya pitula po aantu yamwe.

Mpoka opo a za te kiigidha oshipango tashi ti: *"Handjembo we tuu nande, yu uvike tayi topa mohango, moshilongo she mOndonga!"*

Onamayongo

MOniipa, omukunda *"Iiyale yaakwambudhi, yaaha ka talwa mulilo, oohapu to ka konga,"* namo omwa li ehala lyohango yiitsali.

Epya lyiItope yaNambili

Pauyelele wa gandjwa komukulupe Mvula Johannes Amulungu, omukali mIiyale mOniipa, eyana lyIitope yaNambili, olya kala shito lyohango yiitsali. Itope yaNambili, omukulukadhi gwOmukuusinda, oye a li namunganga, ha kwathwa kuPalisha, omuku-lukadhi gwOmukuusinda omukwawo. Ohango oya li hayi ka fudha po kOshikwiyu, puushiinda womukunda Ondonga.

Epya lyaNangolo Iiyambo olyo lya li oshilyateka shaafukikwa, yo haya ka gondja moomwandi dhaNuutombo.

Opwa li pwa kala omusamane gwomukuluntu he ya momwandi gwomambamba, oshoka okwa li ha tungu iimbamba. Omusamane ngoka okwa li ha zala onkutuwa, omuzalo gwOshiwambolela.

Ohapa hokololwa natango kutya, aakadhona yokUukwambi nayo oya li haya etwa, ya fukikwe mohango mIiyale, mOndonga. Osha li hashi ningwa mekwatathano nelenga enene Itamalo yaShikongo, pomathimbo a li ta lele Oshuushe.

Aakwambi oya li haye ya okutantela aafuko yawo nokwiimba iiyimbo yomatanto ngaashi shi:

> *MUukwanyama omwa li Nehemia Shoovaleka,*
> *Gwomukalo omwiinayi, ha tuku oohina, ooshe nooshekulu.*
> *A yamukulwa komusamane a koka, ngu a tya:*
> *"Nehemia owi ipula ngaa nawa.*
> *Uuyamba uukulu, wa nyenga nooShipena,*
> *GwaNakandomba, ha yalelwa uuhanza,*
> *Nokaakadhona taa theta eempadhi.*
> *Nehemia, owi ipula ngaa nawa!"*
> *Aakwanyama, olugodhi omu lu shi peni?*
> *Shila olugodhi lwuusiku, ndu mwi ifulila, mu shi.*
> *Ngele oshiimbili shomutenya gwaankala,*
> *Tamu tala ombangula, sho tahi panda omuti.*
> *Nda adha onkulungu tii ly'ondjushwa,*
> *Omuntu gwomusama esipa ngaa nda pewa,*
> *Ngame opo nda za ndi ilonga, opo ndaaha lye we esipa.*

Aakwambi oya kala haya imbi, sho taya tanta, yo ye na omapokolo taya dhenge pevi:

"Twaka, twaka, twaka, twaka!"

Oshikwiyu

MOntananga namo omwa li hamu fukikilwa aakadhona meyana lyaNamulandu. Aawiliki yomOshikwiyu, yamwe mboka taya dhimbulukiwa ongaashi omusamane gwOmumbalantu, Iikwa yaNambundunga; mukwawo oNgonga yaLushindo, a li ha zi mOmapale gOnethika.

KOshikwiyu kwa li haku tsakanene oohango dhokIiyale nodho mOshikwiyu mo mwene. Aafukikwa taya fudha po, yo taya menkulwa, yo opalele oondjokana, manga inaaya lalekwa ya shune komagumbo goohe nooyina.

Aawiliki yoohango oya li aatilithi, onkene ya kala haya kakamenwa kaavali. Aavali sho taya thiki piitsali, oye na okwiikwata nawa, yo oye na okugandja oombalagelo dhoontungwa dhuusila wongaya nokufuta oondya dhomuhanga, opo ya mbilipaleke Namunganga.

Ohango oya li yi na oompango dha yaga komuvali. Namunganga ngele te ya kiitsali yaafukikwa, ooyina yaafukikwa oye na oku mu hambelela nokuhakela omake, yo taya tumbula:

"Okuuku! Okuuku! Okuuku! Okuuku!"

Aakadhona ngele ya thikithwa piitsali, ohaya konakonwa kuNamunganga. Ohaya nwethwa iigwanga. Ohaya kokotithwa omahangu omakukutu. Ohaya tulilwa iithima poombunda dhooyina, yo ye yi nyantule po nomayego. Ohaya anekwa esiku alihe pomutenya nokulangekwa nondjala. Ohaya tsithwa othika, omuntu keehe na nando okutivuka poongolo, sho ta tsu ngaaka.

Mekonakono lyaafukikwa ngele omwi itsuwa gumwe ta kungu, okutya oye omusimbakadhona. Oha yakwa mo mbala, manga inaaha kwinagulwa noondjuhi kuyakwawo, e taye mu yugu ashihe she, oshoka oya teya oshipwe shohango ayehe nooyina.

2
Ohango yopashigwana

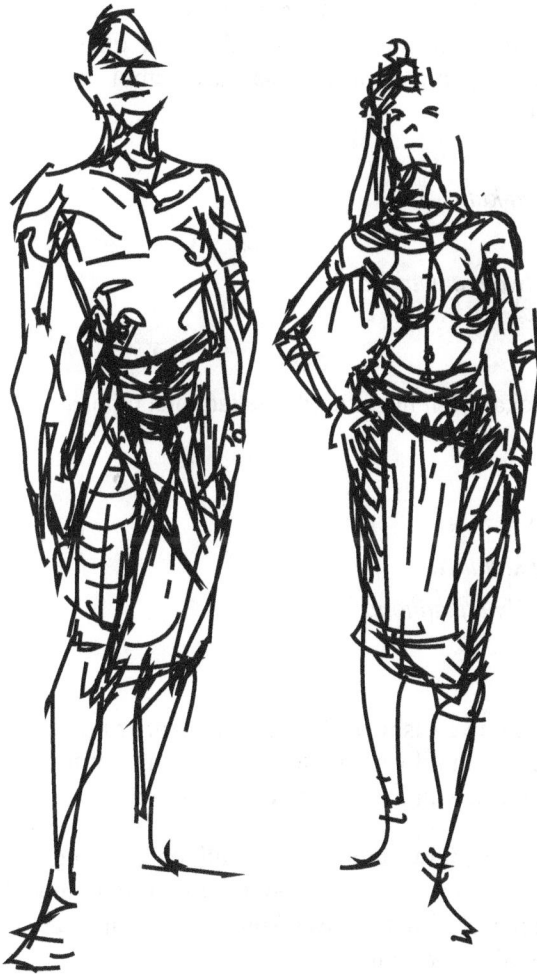

2.1.   Efukiko lyomukadhona

Osha li kutya, aakuluntu yomukadhona shampa ya dhimbulula tu ulumbwambwa, nando ina ya pevi manga, shampa tuu a thika mepipi lyuundefa nuundindi, okwa ninga omukiintu, e etitha olwiho nokwa uka muukuluntu wokuhokanwa.

Aavali ohaya litha nokusila omukadhona gwawo oshimpwiyu meilongekidhilo lyefukiko. Taya kundathana nokwiipula kutya, iihahala masiku ya kokota. Omukadhona ngoka oku na okulongekidhwa, opo a ye mohango. Aakadhona haayehe ya li haye shi taamba nawa; yamwe oya li haya kongo oompito dhokufadhuka po. Omukadhona ngoka inaa hala, mohango oku na okukwatelwa kondhimbo, oshoka aasimbakadhona kaya li nande ye holike.

Omusimbakadhona moshigwana, okwa li iikungitha nohe etele aavali nezimo lye egugwe. Nokuli aasimbakadhona oya li haya imbwa. Uudhano hawu lundilwa posheelo shegumbo lyaandjawo yomusimbakadhona. Aadhani ohaya tutula, taya hele meelo lyegumbo lyaandjawo yomusimbakadhona, taya imbi nokutumbula iidhilikwatya, pashiholelwa ngaashi shi:

> "Tala iinona ya kuta,
> ya tya iipunda,
> ya lya olwali lwamumwayina."

Iinima yoludhi ndwoka oya li hayi kumike aakadhona mboka yi itumba, e taya imbi wo taya ti:

> "Ngame ite miti.
> Meelo lyatate kamu ya
> Uudhano wuusimbakadhona."

Okwa li omathimbo gamwe hashi vulika aamitikathani ya kumbilwe omwiidhi komalutu gawo, etaya tomekwa omulilo nokutidhilwa mokuti. Emito kalya li oshinima hashi idhidhimikilwa, oshoka aavali kaya li ye hole ontsimpulile.

Omukadhona manga inaa falwa mohango yiitsali, ohapa ilongekidhwa nawa nokuyele. Aakulukadhi ohaya yogoha oongodhi dhoompumpo, dhoombale dhomaasigo, nosho tuu. Oongodhi ndhoka ohadhi futikilwa komafufu gomukadhona dhe endjelela, sigo opoompando nodha lukwa oondjuhi.

Opo ku monike iifuta yaNamunganga niikulya yomohango, aakwawo, ookuume komukadhona, osho tuu wo he nayina, ohaya yi moshilongo, taya ende nokuhehela ehangalyapya. Ehangalyapya olya kala hali kongwa pokufu. Kohango ohaku faalelwa wo uusila wongaya nowonkeshenga nomihanga.

Osheendo shohango manga inaashi ya mondjila yokiitsali, hegona oha gwayeke omukadhona omagadhi golukula, a hipa olutu aluhe, ye te mu lombwele:

"Wa koko mukadhona gwandje, mukadhona gwandje wa koko."

Mondjila yokuya kiitsali, osheendo, shaavali noyana ohashi ende tashi tulidha momasilu gopoongamba dhomikunda. Oohe yaakadhona ohaya ende taya tanta, yo taya dhenge oondhimbo pevi.

Ngele ya thiki piitsali yohango, ohaya pulidha, ngele Namunganga, omuwiliki gwohango yiitsali, e ye kuyo. Ohaye mu pe omilongelo: oontungwa dhiilya, kwa tentekwa omihanga. Esiku ndyoka ohaya langekwa pondje yiitsali.

Ngula ku she, Namunganga oha pe aafukikwa oshithima sha tentekwa pombunda yomukwiinini. Omufukikwa kehe oha nyantula ko nomayego koshithima hoka, yo taya pewa wo iilya iikukutu ya kokote.

Esiku lyanofu ohaya nwethwa iigwanga, yo taya anekwa moshanga shomutenya, ya taalelithwa ketango nokuuhalekwa mpoka. Komatango Namunganga ohe ya, e te ya thikamitha po. Ngoka ta dhimbululwa tagu etelele, otashi ti omusimbakadhona yo iihuna oye ya tuu ngaaka!

Aafukikwa aakwawo ohaya hwipagula omusimbakadhona ngoka noondjuhi, e taye mu yugu ashihe she. Mohango oha tidhwa mo pamwe naakuluntu ye, oshoka oya kotokele Namunganga noya teya oshipwe shohango.

Esiku kehe Namunganga ohe ya paafukikwa, e te ya pe oshitenga shomalovu, nenge ontaku ya tulwa iigwanga nomayoyo. Aafukikwa ayehe ohaya taambathana oshitenga shoka. Kehe gumwe e na okunwa mo enkwiya limwe, gaali nenge gatatu. Oshitenga shoka oshawo ayeke, ihamu nuwa kugulwe.

Ongulohi kehe Namunganga ohe ya miitsali ta hiki edhila (eniga) lye lyokutumbitha aafukikwa yo opalele oondjokana. Omulumentu ngoka ta adhikilila miitsali kedhila, oha zi mo ompadhi ketako.

Aantu pethimbo taya fukikwa miitsali, ohaya ka hundamena pehala limwe alike, lya lukwa *oshilyateka,* nando naku kale kwa lokwa, kutya omomeya, omo owala ye na okunina.

Ngele taku tsuwa iilya mohango ndjono, aafukikwa nosho tuu aakadhona yalwe, mbo ye ya kohango, ohaya tsu othika; ano omuntu ta tsu u ukilila itaaha tivuka nandenande moongolo.

Manga taku tsuwa othika, aalumentu ayehe ye ya kutala ohango, oshilonga shawo okudhenga oontunda.

"Turundundu, turundundu, turundundu, turundu."

Koongulohi aantu ayehe mboka ye li mohango, aalumentu naakiintu, ohaya yi kondambo yuudhano, opo ya ka imbe omatutula gohango. Aalumentu naakadhona ohaya dhana *onkandangala* mondambo yuudhano.

Konima yuudhano manga ethimbo lyokulala inaali thika, ayehe mboka ya li kondambo yuudhano, ohaya tameke okuninga *ongolo*. Aalumentu taya gama kombinga yimwe, manga aakiintu ye li ombinga onkwawo. Omulumentu kehe e na mo, nenge keehe na mo nale omukadhona, oha gandja, *ongolo*, kokutya *iigonda*, kungoka a hala nokwe mu panda.

Ohango oya kala hayi yi mo poomwedhi dhooKuzimo nooKalo nohamu kalwa ethimbo lyuule wiiwike, nenge lyomwedhi gumwe.

Iilongadhalwa ayihe yohango yiitsali ngele ya tsakanithwa, Namunganga oha laleke ihe ohango yi pite mo. Shampa ohango ya zi mo ngawo, ye iitsali te yi fike po mwene, oshoka iilonga yohango yomumvo ngoka oya hulile mpoka.

POndondo ndjono, aafukikwa oya pita omakonakono gohango noya ninga aafuko. Ayehe ohaya shuna komagumbo goohe nooyina. Mboka yu ushikwa taya ka tegelela okutselelwa kaayaleki yawo, ngele osha adhika inaashi ningwa nale pethimbo lyohango, opo aakuluntu yawo yeke ya lalekele nawa koondjokana.

Omufuko ngoka a zi mohango inaaha kongwa po, oha kala ngaaka *muudhike*, e li maandjawo, sigo taku zi omumati, nenge omusamane, e mu hale po noku mu ushika. Aantu haye shi tsu oongano taya ti: *"Ehangu ele olye eta uudhila mepya, omudhike ohe eta aalumentu megumbo."*

2.2.   Omuzalo gwomufuko konima yohango

Okuza mohango, omukiintu okwa yalulwa ngaaka omukulukadhi, onkene ha zalekwa omihanga. Mpaka yinagona oha longekidha oondali dhoothipa, te dhi yohoha oongodhi. Oongodhi ndhoka ohe dhi kwilike mokaya kokuzalela omuhanga, ka mangelwa mombunda yomufuko.

Oongodhi ohadhi dhingilwa mombunda, oondya 6, ye omuzaleki ta dhingile omuhanga mombunda. Ta tatele oondya dhomuhanga kumwe noongodhi, dhi ninge oshiyalo. Iiyalo sho ya pwa, ohayi mangelwa kumwe noongodhi. Sho iiyalo yokohi ya pu, omuzaleki ta futike manga ofutikilo.

Ta tsikile okudhingila natango oondya dhoongodhi 6 mombunda yomuzalekwa. Ta tatele ko oshiyalo shomuhanga shokombanda.

Ngele a mana iiyalo ayihe, omuzaleki oha tungu ondjako niimona ya togwa nawa, ndjoka hayi mangele kumwe iiyalo ayihe yoontanto dhomuhanga gu li mombunda yomuzalekwa.

Ezaleko sho lya pu, omuzaleki oha kutha okayo komagadhi, e te ga pilulile olukula lwomuhopi nokugwayeka omihanga ndhoka. Omukulukadhi omupe e ya paantu noha zi po te ende, ye ti ilongo okudhuga ondumbu, ngaashi aakulukadhi aakwawo.

2.3.   Etselelo lyomufuko

Omulumentu oondjokana ohe dhi pewa kuhegona. Omumati oha punywa omutse aguhe noshitezi, e ta gwayekwa olukula olutu aluhe a hipa, sigo okoompadhi.

Ngele okwa li inaaha tselela omufuko gwe pethimbo e li mohango, ohe shi ningi methimbo ndyoka lyomailongekidhilo gegumbo, nenge gedhiko lyelugo lye, ngele okwa adhika e li megumbo lyaakaluluntu ye natango.

Hegona ohe mu pe wo ombiga yombelela, oluyo lwokulila netemba lyokweelelela.

2.4.   Edhiko lyegumbo

Omuyaleki ngele a hala okweeta omufuko gwe megumbo, ohi ilongekidha tango nawa. Ngele oku li natango megumbo lyaakuluntu ye, oha tungu oondunda dhokelugo lye.

Mokudhikwa kwegumbo, opwa kala omahala ga tsuwa po, gaaheshi okukala gaa mo megumbo. Ondjugo yomukulukadhi noshinyanga shayo oyo ehala lyotango li na okusilwa oshimpwiyu. Nando egumbo li kale oshitula, ondjugo, oshini, ondunda yiiyuma, omahala ngoka ogo tuu tango.

Ashike uuna ndwoka omulumentu iteteka okudhika egumbo tango, manga omukiintu inee ya mo, oshini ohashi dhikwa pondje yegumbo.

Hashi landulithwa ko, elugo lyokutelekela iimbombo yegumbo, mpo hapa ungidhwa omasiga gatatu. Omasiga ohaga yungwa kuhegona yomuntu, opo elugo li kale elugoogoo lyOshiwambo. Omasiga oga kala niilonga oyindji, haku tentekwa oombiga akuke; okuyagitha ko wo omanyala gondjuhwa ondjenda, sho tadhi taambwa megumbo.

Ongombe ondjenda ngele ye ya moshigunda, ohayi kuthwa evi mekondo, e tali pungulwa mesiga, opo yi kwatelwe po. Pomasiga opo hapa fumvikwa oshikwatamulilo, opo omulilo gwaaha dhime mo megumbo.

Haku landula ondunda yokupungula, nko haku kala iiyuma, oontungwa niipumbiwa ayihe yelugo. Ondunda yopelugo ihayi kala yaahe po, oshoka oyo ondjapuki noyi na iilonga iinene megumbo. Kakele kokutemwa momuzimbi, oya tseyika kutya "ondunda yesilohenda." Omukulukadhi ngele ta thetwa, omondunda tuu yopelugo haka pulumuthila.

Okalugwena ohaka dhikwa konima yondjugo, po opo hapa pakwa po oshihupagela, uuna taku hangwa. Oshimpako noongudhi dhasho, omasingulilo gokuhampulila oshihutu, uuyo wokudhindolitha omalovu, ngele ga kengele, oondjupa dhokupithila omalovu, ombako yokuzilitha, mbyoka ayihe ohayi kala nohayi pungulwa kondunda yokokalugwena.

Hashi landula okalugwena, ondunda yoondjupa. Ndjika ohayi dhikwa pokati kokalugwena noshigunda shoongombe. Mondunda moka omo hamu kala oondjupa dhomahini, onkene aakandi haya zi moshigunda taya ka zila omahini mondjupa yi li mondunda ndjoka.

Komuhandjo gwomusamane, omutala hagu dhikwa tango, gu li olwamba noshigunda shoongombe. Ondunda yiiketha ohayi landula ko, opo ku landule nawa ndjoka yomalovu.

Oondunda dhilwe dhomuundindoli wegumbo, ohadhi ka landula ko nethimbo. Koondunda dhokelugo lyomusamane ohaku yiwa aantu taya pitile mosiisilwa, ndjo ya petha omikala; ngu gu uka kontala yomusamane, ngu gu uka muundindoli walyo.

Oshinyanga shamutyakemo, ohashi adhika mbala okuza mosiisilwa, shi li olwamba lwomukala, manga inaaku thikwa koondunda dhilwe kuundindoli.

Omikala dhegumbo lyOshiwambo ihadhi dhikwa dhu ukilila, aawe. Odhi na okudhikwa dhi na uukololo nodha pa, opo shi pukithe aatondi, ngele taya tondokele egumbo. Eso nalyo wo li pukithwe aniwa, uuna nali iyakele megumbo.

Nando li kale ethimbo lyuupembala, egumbo kaali na manga oongombe, ehala lyoshigunda li na okwiiyoololelwa sha yela.

Olwindji oli li kuuzilo wondjugo onene yegumbo, oshoka opo pomulilo gwoongombe dhegumbo mpoka.

Ondjodhi yomudhiki gwegumbo ohayi ti:

> 1. *Ngame tii ka tungitha, gumbo ndyo lya dhikika.*
> *Iiti sho ya pu kudhika, oshigunda oshoshika.*
> *Oshinyanga shi li mpe, mpoka pu n'ondjugo wo.*

2. *Okahupa ke li mo, mokandunda kako nko.*
    Lugo lyetu li n'uusiga, li n'iipako, li n'oombiga,
    Ngame nge te paka po, aantu ye n'ehupitho.

3. *Iini tii yi fulile, piiti yopehale mpee.*
    Pe n'uugandhigona mpaka, mu n'uuhangu nuulyaalyaka,
    Aantu tii ya dhungile, ntaku ndi ya nyanyudhe.

4. *Ngame sho nda manitha, gumbo nolya dhikika.*
    Uuna ngame ngu nda kola, oluhepo ndwo lwa pola,
    Ngombe ngele ndi dhi na, ngaye nda pwa nda pandula.

5. *Epya tali meneke, iilya mbi ya yeleka.*
    Tandi pungula n'uuntanga, nen'iihenguti te manga.
    Olupale ndi lu na, iilya tandi yungula.

6. *Muthima tatw'ihupile, meya ge tu gwanene.*
    Omitunda dhu udh'omwiidhi, twaa n'onyalo twaa n'uupwidhi.
    Tatu longo tatu ti: "Yambeka Omukulili."

2.5.   Elaleko lyomufuko ta yi koondjokana

Omailongekidho gomulumentu shimpa tuu ga pu, ye a tselele omufuko gwe ongombe, oha tumu nduno omusamane, nenge omukulukadhi gwontumba gwopuushiinda, ngoka a hokana nale, opo a ka tale omukadhi kaandjahemweno, e mu ete kegumbo.

Pethimbo ndyoka omukiintu ngele okwa adhika a ka talela po ooyinagona, nenge kooyinakulu, sho ti ilwa, oku na okushuna koohe.

Omufuko manga inaaha gandjwa komwiili gwe, oha pewa olukula a tse. Omalongekidho galwe sho ga pwa, hegona ohe mu pe *ontungwa yokaaga,* e na okuya nayo. Okaaga hoka ihaka tentekwa puvi, siku taka tentekwa po, aniwa olwo uuna mwene gwako ta si.

Montungwa ndjoka oha tulilwa mo olutengwa nolukwe lwokugwayela omagadhi golukula, e te yi tsikwa kuhegona.

Sho ta ka tunga elugo, omufuko ihi iyendele, aawe. Aluhe oha pewa okanona kokakadhona, ihoontali, a ye nako ke ke mu tungithe elugo, hasha nduno, ngele ka ka galuka ko konale.

Muule womathimbo ga tetekela esiku lyokuya nomanga inaa tsikwa ontungwa, ye a gandjwe momake gomutumwa gwomulumentu gwe, oha falwa mo, ta ngongoshekwa nokukumagidhwa nawanawa kuyina.

Omuvali ohe shi ningi nomatumbulo ga kola nogowina, gamwe gomugo ongaashi:

> *"Ka dhiginine egumbo, oshoka egumbo omukiintu."*
> *"Ino ka ninga: 'Nakalikadhi keehe shi mukwawo gwomusamane, ye ezimo lye*
>   *ngele lye mu endele mbigamudhilo nayi londe."*
> *"Aakwawo yomulumentu gwoye, oyo naya ka kale aakweni, ee."*
> *" Ino ka lya omulumentu gwoye ondjala, oto tu popitha koshilongo."*
> *" Aalumentu ihaya tukwa."*
> *" Ino idhimbika mukweni epwanga, shila uuna ngaa ... okapundja ki iyaha."*
> *" Omwa yagwa momakana, ino ka fala iinima yegumbo lyeni pondje."*
> *" Yanda oluhoko, oshoka ohalu teya po omagumbo."*
> *"Omukiintu eidhidhimiko!"*
> *" Omukiintu iilonga, inda wu ku umbe etemo!"*

Kiitangotoka hwiya, omutumwa oha pewa mo nduno omufuko, ye te mu kwatele komeho. Ohaya undju eningino lyetango. Sho tuu taku wiwile ngeya, ko taku ti tuu ngwiya omuntu, itaaha dhimbululwa owala, yo oye shi ko.

Ngele nani oya thiki inaaku luudha nawa, ohaya hunyama pokuma, manga oonkwandambi tadhi ifala wo kombundu. Oyo ye na oku dhi lyata komakondo. Shampa ya piti eelo, pehale omutumwa ta tokelitha:

> *"Okalalelo, ye, ye, okalalelwee!*
> *Tu pii wo okalalelwee!"*

Yomegumbo taya ya yamukula:

> *"Uulalelo opo tawu pi!*
> *Olye ano?*
> *Shaa tuu tamu ya, omo tu li."*

Ye omutumwa nomuntu gwe, oku ukilila poshinyanga shondjugo. Okwe mu thikitha tuu maandjamulume ngaaka. Konima shampa ya tokelithwa, omutumwa ti iwewe po.

Konofu, megumbo ndyoka ngele tamu tukuka oonkalankongo, omutumwa ngwiyaka oye aluhe omuntu gwotango ha adhika kugumwe gwaanegumbo, opo e ye a patukunune iinima. Ohashi ningwa oshoka, oye onzapo yegumbo noye a tseyika po tango komuhokanwa pomudhingoloko Omutumwa ngoka oye wo oohapu dhe hadhi pulakenwa nokwiitaalwa kwaayehe nuupu, oshoka ye omwiinekelwa gwegumbo ndyoka nomusiikilili gwiiholekwa yalyo.

Oohapu dhe dhokuguna nokugololola ondjahi nomakehuko maanegumbo, ohadhi kala eta lyomeya omatalala kondungu yomutima gwakehe.

Ontungwa yomuyenda ohayi falwa mondjugo moka ta ka lala. Okaaga ihaka piithwa mo we mondjugo moka, ko kake na nande okutentekwa pevi, oshoka oshidhila shako.

Iidhila yegumbo oya tameka ngaaka. Pokuma mpoka ohapa tselwa ongombe, ndjoka oshooko shayo hashi tetelwa ashihe mombiga. Uuna ombiga tayi tameke okufuluka, omulumentu nomukadhi ohaya tameke okuvota mo omahoka niikaha ayihe oshita.

Eyungo lyondjokana olya tsamithwa ngaaka. Omukiintu okwa langekwa ngaaka muuwa we, oshoka egumbo olyo ombala yomukiintu.

Uuna pokati kawo pwa holoka oontamanana oondhigu noombwinayi nomulumentu a geya nokwa latha ko, nohaluka a yi mondjugo nokuumba mo okaaga, shoka endhindhiliko kutya, omukiintu ngoka a hengwa.

Konima, ngele nani omulumentu okwi idhilulula nokwa hala omukadhi a galukile megumbo, oku na natango okutsela ongombe, opo ombinzi yayo yi shashamine okaaga, opo ka wape okushunununwa mondjugo.

Iinima yimwe yomomainyengo ngoka gomuukulu, onkene hayi longithwa moompito dhontumba. Uuna omulumentu gwontumba a hala okuteya po okagumbo komukulukadhi, sigo onena ohaka tewa po nongombe. Omulumentu kehe a hala e mu kuthe mo, nando haye e mu tidhile, oku na okugandja ongombe yokaaga hoka.

2.6.   Etalo lyelugo

Omulumentu shampa a mana okutungila omukadhi elugo, ohaku landula etalo lyalyo. Etalolugo ohali ningwa pashituthi sha longekidhwa nawa kooyene yegumbo, moka mu na elugo, nenge kaapembala, ngele oya tunga nale lyawo lyi ikalela.

Tango ohapa lagidhwathana koombinga adhihe, yaavali noyaapembala. Oongaya tadhi tutikwa. Iiyuma yelugo epe tayi kongwa kuyina, nando hegona a adhika ngaa e mu tetekelitha nale nayimwe. Aashiinda nookahewa komufuko nayo ohaya hiywa nohaya eta wo omagano giilongithwa yomegumbo; iiyuma, oondjo, omasingulilo noontungwa, omalilo, oongalo niiteyelwa.

Osheendo shaatalilugo ngele sha thiki, aayenda aakiintu ohaya thikithwa poshinyanga shondjugo onene, yo aalumentu taya kuutumbikwa pumutyakemo. Kempa ya kuutumba po okathimbo, omufuko oha ithana po yina, e ke mu kundile kondunda yokupungula. Konima shampa ya zimi po, yina ohi ithana ko gumwe gwoomosheendo shaayenda, a tumbe ko ondjupa yawo yekundo, e yi fale kooyakwawo.

Piikati mpeya nakuvala ohashi vulika ti ithanwa komwana, opo i ishune kondunda yokupungula. Hwiyaka nando ta vulu okutala miiyuma sho shi li mo, sho keehe na kuyelekela, okweentamena mokagandhi, mokaanambale komwana, oshidhila. Ona tala mo owala shila uuna omwana a sa.

Aayenda shampa ya mana okulya iimbombo, opo ihe haya dhikilwa omalovu. Konima yokulya, yina yomufuko oha yi pelugo lyomwana, e ta pewa okayo komagadhi gomuhopi nolukula. Oha pilulile olukula momagadhi, e ta gwaya a hipa, ndongo oompadhi. Megumbo lyaapembala ohamu adhika wo mwa tsuwa uusila nokutselwa ongombe yoshituthi. Aahiywa nayo ohaya etelele uuyenda, omasila gongaya noondjupa dhomalovu go gene.

Siku ndyoka oshituthi ohashi uhala tashi li, sho tashi nu. Ndjika ohayi kala ishewe ompito yokwiitseya nawa popepi kwomazimo ngoka nookuume koyana. Oonyama, iimbombo nomalovu, ngele inayi pwa po siku ndyono, osheendo ohashi lala, ngula ku she taya gagulula.

Ethimbo lyokushuna sho lya thikana, oshitenya ohashi pe yinamweno ombalagelo.

Yinamweno oha pandula ta ti: *"Iyaloo, omumwandje a hokanwa. Kalii po, tse twa shuna, oshoka twa li pelugo epe."*

Manga aavali ye ya po, ngele opwa adhika pwa valwa okanona, opo wo pompito yokuhempa.

Ehempo lyokanona okamati

Alitititi, alitititi, alitititi!
Omvula ya loko,
Omukunde gwi imi,
Omuzimo gwa tana,
Okantu ke ya ko.
Tala kuNekandangala lyombandje,
Kekango e eta omongwa, kiita oongombe.
Omumati na pakelwe po onona,
Oshoka omakunde ge na okupya kwa dhingoloka.
Haga ningi manga oonganyutu,

Yo yakweni taya yi, manga wa tega ga tute,
Yo ye ku lye okulandula,
Nenge wu ya tsakaneke taya galuka.
Tala, tala tala, foto, foto, foto, foto!

Ehempo lyokakadhona

Halititi, halititi, halitititititi!
Tala kuNakateta ka siikilila omagwepa.
Pamwe omusamane na li po,
A lye po uutoye, a lye po elopa,
Omboga ya telekithwa egadhi.
Tala, tala, tala kuNakasila ka nik' evi,
Yina tali, ye ta nyenyeta!

Epandulo ndyoka ohali landulwa koondigolo nomatangumuno gomahalelolago gegumbo ndyo.

2.7.   Ekulo lyeelo

Oshituthi oshikwawo hashi landula ko, osho ekulo lyeelo lyegumbo nohashi ningwa kuhegona yomusamane, mwene gwegumbo. Manga ohango tayi kundathanwa, hegona oye gwotango haka lombwelwa. Petungo lyegumbo wo natango oku na oku shi tseyithilwa, onkene ha kala noshimpwiyu shoku ka kula eelo lyegumbo lyomwana.

Hegona yomuntu, omukulukadhi nenge wo omusamane, ohi ilongekidha. Ta kongo iiti yomugolo, onyege nenge ongogo. Oha gwedha po ishewe okati komudhime. Ta hiya ookuume ke naakwezimo wo, opo ye mu thindikile koshiindingili. Kashi na mbudhi aanegumbo nando ya adhika ya ya mo nale, onkene tuu eelo ndyoka li na okukulwa.

Oshilonga osha kala hashi ningwa moontundumene, manga aantu ayehe inaaya za mo megumbo. Hegona ngele a thiki pegumbo lyomwana ngono eelo lye tali kulwa siku ndyono, oha fulu iilambo kombinga nombinga, kuuzilo wegumbo, oshoka eelo oli na okukala lya taalela kuuzilo waMbangu.

Iilambo ohe yi fulu a tsa enyonti noku yi fila wo pamukalo ngoka. Iikulo yeelo mbyoka ohe yi dhike ooshambalimbali, kombinga nombinga; kayi na ando okushekathana. Mosheelo, pokati kiiti, oha fulu mo oshilambo, e ta tula mo okati komudhime nokutila mo wo omeya, opo ombili yegumbo lyomwana yi kwatelwe mo, yo yi kale aluhe ya talala.

Hegona sho a mana iilongadhalwa ye peelo, ota piti ihe mosheelo a kwatela osheendo she komeho, yi ihila poshinyanga shondjugo.

Koombinga dhimwe, konima yaashono, ooyene yegumbo ohaya zi ihe pondje taya nguungula, yo taya igidha: *"Omvula! Omvula! Omalya, Omalya nOmangombe gaa shaathane!"*. Ngawo ohaya hunguna eloolo lyaAmutse gwaKathindi neliko, li kalele egumbo lyawo.

Osheendo ashihe ohashi mbombolokele ihe megumbo, tashi pitile meelo opo lya kulwa kuhegona yomuntu. Megumbo, natango hegona oha kuutumba olukata poshinyanga shondjugo, opo a temene egumbo omulilo gwalyo. Okwe etelela nale iilongitho ye, *uuti uyali womukwiyu nombolo*. Ta kutha uuti, a kuutumba olukata, e ta tameke okudhiga omulilo omupe gu ze miidhiga. Mokudhiga ngawo, ohashi vulika a tumbule po iitya, nenge omatumbulo gontumba, ngaashi:

> *Omulilo twe gu dhiga naKalunga,*
> *Eziko twe li sakala naPamba,*
> *Kalunga kAatsa nAayamba.*
> *Nagu yete, nagu yete,*
> *Iindukutu gu fike mo,*
> *Aamwandje ya kuutumbe,*
> *Lukata yi igonye, ngangame!*

Egumbo kehe niidhila yalyo. Opwa kala wo elandulathano uuna omusamane a hulitha. Konima yoosa, unene tuu mesiku lyehalakano, omusilwakadhi oha si oshimpwiyu, opo a pe hegona yomulume, *uutati wonkandja/wanangongo, ondjupa yokuhikila nombiga yombelela.*

Shoka aniwa osho endhindhiliko lyopashigwana kutya, ondjokana yawo ya mangululwa kuPamba noya hulile mpoka. Okuza mpoka omusilwa oha thetwa olusi, (ta lalwa komunezimo lyomulume), opo aniwa a mangulukile okukongwapo kugulwe.

2.8.   Epya

Osha tsuwa po pashigwana kutya, egumbo kehe oli na okudhikwa mepya, kutya omoshikokola, nenge omekulupya. Omulumentu ngoka i itumba oha kala a konga nale oshilonda she, nenge omutunda, epya ndyoka ta tsu po mwene.

Epya opo ta li tamekwa, egumbo shampa lya lala, mokwenye mwiya aanegumbo ohaya tameke ohenyaga, opo ya vule okukuna manga kuyele. Aapembala ohaya pewa wo omitanda kooyinakulu, ookuume, nenge kaashiinda, opo ya lyateke.

Ngele ekulupya, konima yoshitemamvula aanegumbo ohashi vulika taya vundu, taya pumu, nenge taya longo onkwanga, opo tuu ya kale ya kuna. Yamwe ohaya hwateke tuu ishewe.

Iiyambo yoompadhi oontalala shampa ye ga dhenge pevi, lyo evi, shoka ihali li ngunga, iilya tayi mene. Omunepya kehe ohe li hili mo mondunda nokutameka oondima. Aanamapya ohaya longo ihe taya thigathana po, ongotaya ti: " Omukatalume na kalele onima", "Omukata na kalele."

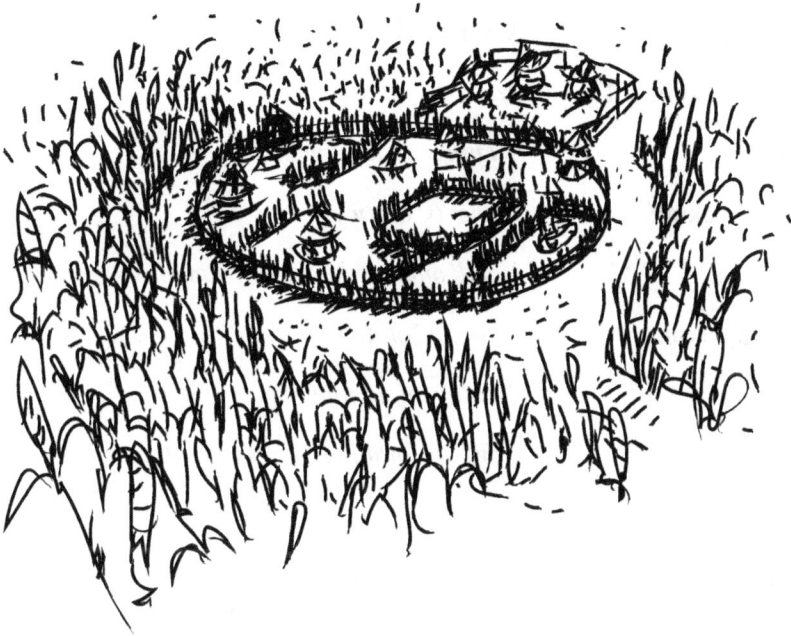

Omikalo dhoondima omuntu opo e endelele po epya lye, odha kala ko odhindji. Ohashi vulika omunepya ta hiya ondjambi, nenge okakungungu kaashiinda, ta gwayelwa, nenge te etelwa okazimbula. Kuume kaanegumbo, nenge omukwezimo lyawo te ya etele okakungungu kekundo, nosho tuu.

Gumwe tashi vulika a faalele kuume ke oshitemo shetamu. Omukalo nguka ohagu dhipagelwa ethona, nenge wo pu langekwe Shiwambi yomakondo gane.

Siku lwetamu, oondima ohadhi uhalele. Tapa ligolwa, po tapa hilwa omugolo, tapa liwa onyama nokunwa omalovu. Ongalamwithiyashiteni, shilindi manga, okomuzimbukilo ngaa hayi ka kuutumbilwa nokuguminwa pomutumba nawa.

Muukungungu aalongi ohayi ipendapaleke nuuyimbilo nosho wo omatangumuno. Iiyimbo yimwe oyokusimaneka, niikwawo yokusheka noyomuheka

Iiholelwa yimwe yomiiyimbo yaalongimapya ongaashi tayi landula:

Omuheka

Omutangi:	*Tu ningeni, tu ningeni.*
Omuyamukuli:	*Aawe, ts'otatu yi.*
Omutangi:	*Ndi mu dhipagel'ondjuhwa.*
Omuyamukuli:	*Aawe, ts'otatu yi.*
Omutangi:	*Nand'okakombo Newewe,*
Omuyamukuli:	*Aawe, ts'otatu yi.*
Omutangi:	*Tu ningeni, tu ningeni,*
Omuyamukuli:	*Aawe, ts'otatu yi.*
Omutangi:	*Nand'onkwandambi, Shiwambi,*
Omuyamukuli:	*Aawe, ts'otatu yi.*
Ayehe:	*Tu ningeni, tu ningeni,*
	Aawe, ts'otatu yi, otatu yi, otatu yi.

Esimaneko

Omutangi:	*Iiyela yoombo, iiyela yoombo, iiyela yoombo.*
Omuyamukuli:	*Iiyela yoombo.*
Omutangi:	*Mukwaanga gwandje, hambula iiyela.*
Omuyamukuli:	*Iiyela yoombo.*
Omutangi:	Iiyela *yaawa.*
Omuyamukuli:	*Iiyela yoombo.*
Omutangi:	*Yaana yokombanda,*
Omuyamukuli:	*Iiyela yoombo.*
Omutangi:	*Iinima yaanyekadhi.*
Omuyamukuli:	*Iiyela yoombo.*
Omutangi:	*Yi ngongola nawa,*

Omuyamukuli:	*Iiyela yoombo.*
Omutangi:	*Ya ngongekeka,*
Omuamukuli:	*Iiyela yoombo.*

Etegameno lyomvula

Omutangi:	*Ongul' omomee!*
Omuyamukuli:	*Omomee,*
Omutangi:	*Ongul' omomeya,*
Omuyamukuli:	*Omomee.*
Omutangi:	*Ongul' omomeya, Ongul' omomeya.*
Omuyamukuli:	*Omomee,*

Ongul' omomeya, omomee.

Ongul' omomeya, tatu ende,

Ongul' omomeya naawa yetu.

Ongul' omomeya tatu ende,

Ongul' omomeya naawa yetu.

Ongul' omomeya tatu ende,

Ongul' omomeya naawa yetu tatu ende.

Ongul' omomee, omomee,

Ongul' momee, omomee,

Ongul' omomeya tatu ende.

Ongul' omomeya, omomee,

Ongul' omomeya, omomee,

Ongul' omomeya, omomee.

Ongul' omomeya, omomee,

Ongul' omomeya, omomee,

Ongul' omomeya, omomee.

Etemo

Etemo lyandje kayego,

Halyamupamba gwontaku,

Halyamundjo gwetapula.

Lyandj' ohali li Newewe,

LyaNgula yaMukomoni,

Lyomuts' omutoye ngombuku.

Omusheko

Ngwedha yaNuunyala omukadhona a li e na uunyenge wu lilitha

Omutangumuni: *Yaye, yayee, Ngwedha yaNuunyala,*

Aayamukuli: *Ngwedha yaNuunyala,*

Tangumuni: *Ngwedha e na uunyenge wu lilitha,*

Aayamukuli: *Ngwedha yaNuunyala.*

Tangumuni: *Ngwedha mepya ita longo,*

Aayamukuli: *Ngwedha yaNuunyala.*

Tangumuni: *Poshini, Ngwedha noluhwati ota tsikwa,*

Aayamukuli: *Ngwedha yaNuunyala.*

Tangumuni: *Ngwedha na kwatwe a kululwe.*

Aayamukuli: *Ngwedha yaNuunyala.*

Tangumunli: *Uunyenge pamwe omomutse wu li,*

Aayamukuli: *Ngwedha yaNuunyala.*

Tangumuni: *Onyalo ngiika omomafufu,*

Aayamukuli:	*Ngwedha yaNuunyala.*
Tangumuni:	*Ngwedha na yuululwe, pamwe ta gugwa,*
Aayamukuli:	*Ngwedha yaNuunyala.*
Tangumuni:	*Na kugilwe onkugo a se ohoni,*
Aayamukuli:	*Ngwedha yaNuunyala.*
Tangumuni:	*Ngwedha Nuunyalona wa talala,*
Aayamukuli:	*Ngwedha yaNuunyala.*
Tangumuni:	*Ngwedha omupu piikesho,*
Aayamukuli:	*Ngwedha yaNuunyala.*
Tangumuni:	*Ngwedha, Ngwedha, Ngwedhee,*
Aayamukuli:	*Ngwedha yaNuunyala!*

Elalakano lyokukuna nokuhelela iikunomwa nawa nonuudhiginini, egumbo li mone noli kale li na iipalutha yalyo ya gwana, oshoka egumbo lyokuhekaheka nuukulya ohali dhinitha ooyene.

2.9.   Oshuuto/epiitho lyombuto

Epiitho lyombuto shimwe shomiituthigalikano yopashigwana. Osha li hashi ningwa pethimbo lyokomatango nohashi ningwa nowino. Pokupititha ombuto, omusamane oha kutha iilyawala, omahangu, omakunde, oofukwa noontanga moshigandhi, e te yi tula montungwa.

Montungwa onene yombuto moka ohamu tulwa oongongo dha tendwa, etudhi lyondjamba, esita nombutu ya kola. Omusamane oha tulile aantu ombuto muukunitho wu udha olagalaga, tawu tikile pevi.

Megumbo ohamu kala mwa hangwa, omolwoshituthi shoka shepiitho lyombuto.

Ohaku pindwa oshitenga shomalovu shu udha komufwata, tashi hunga, ye omusamane ta yi mondunda. Mondunda oha piti mo u uka mepya, e na ondhimbo meke, a kwata komeho, ye te ende a fa ta pata nondhimbo, manga aanegumbo lye ya landula mo nuutungwa wawo, ya fa taa kunu.

Pethimbo omusamane ti inyenge ngawo ohi igidha ta ti: *"Omvula! omvula! omvula! omvula!"*

Aayehe ohaya zi mepya ya tondoka, ya fa taya ka ondama, manga omvula tayi sheka, ando. Shampa tuu yagalukile megumbo ngawo, omalovu taga dhikwa. Aantu ihe notaya nu omalovu goshuuto.

Omalongekidho ngoka agehe niinyangadhala yomusamane, oyo egalikano, opo tuu Kalunga kaNangombe a lokithe omvula ya gwana, yi menithe oombuto noku dhi yambeka dhi vale okolo, lyo eloolo lyaAmutse gwaKathindi li holoke, aanegumbo lye ya kale ya paluka nawa. Egumbo lyonyalo, olyo wo lyoontamanana; lyo olyo tuu lyondjala, oluhepo nokwaahakoka.

2.10. Oshipe

Omalandulathano goshigwana oga kala haga dhigininwa miinima oyindji nokoyendji moshilongo. Ngaashika eteyo lya kala hali gandjwa, iilya iipe moshigwana kaya li wo hayi liwa megumbo manga inaayi gandjwa kumwene gwalyo. Okwa kala haku konekwa ehangu ndyoka tali vala tango mepya. Ohali hokolwa mo nokutulwa moshigandhi, miilya iikulu.

Esiku lyoshipe tashi liwa, aantu ayehe ye na okukala megumbo, itapa kala nando ngoka ta tokelelwa. Nokuli oongombe wo ngele odhi li kohambo ohadhi ka talwa ko dhi ye, komalwenge.

Megumbo ohamu ningwa omatelekela. Ontungwa yoshithima shomahangu omape ya gumbwa, ngele yatulwa pokati, omusamane oha dhigi ko tango oonkanko oonene dhi li ne (4), a saagelithe (pandule) nadho aakuluntu. Ohe dhi umbu u ukitha komaukombepo gane (4) ta ti:

> **Onkanko yotango:** *"Dhurrr! yokUuzilo, taambeni!"*
>
> **Ontiyali:** *"Dhurrr, yokUuninginino, taambeni!"*
>
> **Ontintatu:** *"Dhurrr, yokOlundume, taambeni!"*
>
> **Ontine:** *"Dhurrr, noyokOlukadhi, taambeni."*

Omuntu ngoka ha adhika kokulekule negumbo, ngaashi ando kUushimba, nenge kohambo, oshimbombo shoshipe ohe shi pungulilwa moshuma, nenge moshigandhi.

Oshipe shiilyaalyaka nasho ohashi longekidhwa nethimbo. Aashiinda manga kaaye shi po sha, yo inaaya pyakudhukwa musho, omitse dhiilyawala mbyoka hayi vala tango ohayi hokolwa mo kuyele mepya, e tayi kukutikilwa megumbo.

Iilya shaa ya yungulwa, ohayi tutikwa okapoko. Yo ongaya tuu ndjo yokapoko, kayi na kulokelwa mevi. Ngele ya lokwa ihayi longithwa we, oshoka oya yonuka, ohapu tutikwa ompe.

Esiku tayi kuthwa mevi nokutsuwa, aantu yomegumbo ayehe, aavalwa naalelwa, ohaya gongala. Kape na ishewe ngoka taka tokelelwa komagumbo esiku lyoshipe tashi liwa, aawe.

Kokalugwena okwo haku pakwa po oshihupagela shuusila wongaya uupe; tapa pindwa okayo ku udha oshihupagela, moka omusamane ha nu mo tango, e ta pe omukulukadhi, nosho tuu aanegumbo ayehe haye ka taambathana nokuhupagela mo.

Oshihutu ohashi hampulilwa nokudhindokela miiyuma. Omalovu gamwe taga ziya koshimpako shoohozi nokuzilwa moondjupa pokalugwena kegumbo. Iipithilo mbyoka ohayi fumvikwa mombundu yoongombe, ongula sho taku shi, ohaga adhika ga pya nawa, taga yaya, go ishewe omapyu nawa.

Aashiinda ohaya kala ya hiywa owina, opo ongula ngele kwa shi, ohaye ya koshiithanene, *kokapoko*. Omukulukadhi ta teleke iimbombo yuusila womahangu omape, ngaashika taya nu omalovu giilyaalyaka iipe. Omweelelo oshigali shomakunde omape, ekaka lyompungu epe, lya kala lya andwa nolya longekidhwa nale pethimbo lyoomboga, e tali pungulilwa oshipe.

Koneka, eteyo nando olya adhika lya pwa nale niilya ya adhika ya yungulwa, aantu onkene tuu ya kala taya li iimbombo yuusila wiilya iikulu, oshoka oshipe kasha li sha liwa manga. Okuza moshituthi shoshipe, egumbo opo ihe hali mangululilwa okutsa omahangu omape nokututika oongaya dhiilyawala iipe.

Iituthi mbyoka ohayi kwatele mo egalikano, ehambelelo nepandulo, oshoka aantu oyu uvite *Omunankondo gwontumba,* a kala kokule nayo noye mu tseya mewiwi, a yamukula nenyanyu, sho e ya pa omvula neloolo lyiilya iipe nolyiikwamepya yilwe wo iipe.

3
Iikulya yOshiwambo

3.1. Iikwamuma

MOshiwambo aantu ohaya li iikulya yi ili noyi ili. Omwa kala iikwamuma yomaludhi gopatatu ya simana noyi na oshilonga oshinene komuntu; omahangu, iilyaalyaka/ iilyawala nepungu. Iikwambuto iikwawo yilwe ya gwedhwa po noyi holike oyo omakunde, oofukwa, omapoke, oombundufukwa, iikwamboga niiyimati.

Iikwamuma ayihe oyo iikunwamapya ya tsuwa po. Ihapa piti mumvo inaayi kunwa. Konima yeteyo ohayi pungulwa miigandhi, opo yi longithwe kaanegumbo, oshoka oyo iilyamwenyo gwomuntu.

Omahangu

Omahangu ohaga tsuwa koshini moonkatu dhowina dha yooloka. Tango iilya ohayi hompwa, koshini, e tayi thithwa uuhutu. Onkatu hayi landula ko enengeko nokutsuwa lwiikando yontumba, e taku zi uusila; tango womufululwa, taku landula womupwagwa nohugunina owomunziya.

Uusila wonkeshenga, owo hawu telekithwa oshimbombo, kwo haku zi ngaa wumwe hawu gwedhakanithwa nuuhutu, opo wu dhungithwe ontaku yokoshiti sholuko. Uusila womahangu ohawu ningithwa ishewe iikwiila pamikalo dha yooloka.

Ohapa ningwa oshikwiila shopeziko, shokomakala, nenge shopomafo gomakunde noshomombiga nenge mokambamba. Mbyoka ayihe oyo iikulyaalyaa ya simana hayi zi muusila womahangu. Pampumbwe, omahangu ohashi vulika wo ga tutikwe ongaya yongundo yomontaku, ngele iilyawala kayi po.

Uuyuni sho wa humu komeho, aantu yamwe ihaya tsu we poshini megumbo. Mpaka naampeyaka moshilongo omwa holoka iini yokukweywa iilya, ya yakula mo aakiintu mokutsa.

Iilyaalyaka/iilyawala

Oshilonga oshinene shiilyaalyaka okututikwa oongaya. Okututika ongaya okwo iilya hayi tulwa momeya, e tayi kala mo omasiku gaali. Ohayi yuulwa mo yi kahe po kashona. Iilya mbyono shampa ya kaha, ohayi pakwa mevi, tayi kala mo omasiku gatano, nenge gahamano. Sho ya thiki ohayi kuthwa mo, tayi hopolwa uusila wokugundithwa ontaku nokuhangithwa omalovu.

Aakuluyonale oya kala noshimpwiyu oshinene, opo omukiintu kehe Omuwambo, a putuke e shi okulongekidha ongaya, oku yi tutika, okuzigamo, oku yi paka noku yi kutha mo uuna ya thika, te yi hopola, sigo nokuhanga omalovu kwo kwene.

Poompito dhowina iilyawala nayo ohayi hutulwa nokutsuwa uusila woshimbombo, unene shaanenentu, oshoka oshithima shayo oshipu nawa, sho ihashi kala mupunda shi fe shomahangu.

Edhina lyayo lyuukumwe, omahangu niilyawala, olyo *iilya* nohayi simanekwa taku ti: *"Iikwamukuluntu keehe po, iikwameme e ke enda. Ohamu yi kundile po ngele ye ya."*

Epungu

Aawambo oya kala natango haa kunu epungu. Ohali papulilwa unene piigunda, oshoka ohali kokelele uuna li li puuhoho. Epungu ohali kwiinine oompiku oombali, sigo hamano koshihenguti shimwe. Oompiku ohadhi konwa ko nokupakwa po mombiga, nenge yamwe ohaya mvumvu kohi yeziko, e taa li.

Oompiku ndho hadhi hupu po nodha kukuta, ohadhi yungulwa. Oondanda tadhi yoywa mo miiti yepungu, e tadhi pungulwa mokaanambale, moka tamu kala hamu kuthwa, uuna aantu taa tula po onona yepungu.

3.2. Iikwamakunde

Omakunde oge li ko wo pamaludhi gaali. Okwa kala ngoka haku tiwa, *omakunde gOshindonga nomakunde golunya.* Omakunde gOshindonga oge na omalwaala nuungundu owindji we ga yoolola, go ishewe oga lukwa omadhina.

Omadhina gomakunde ngo ga tseyika ongaashi: *kakoko, olwali lwokapundja, nyungila, oshendje, nakale, shimbungu, limbwesha, nuukongo, epati lyondjamba, shindimba,* nosho tuu galwe ogendji.

Omakunde gOshindonga oga simanekelwa omuuhalo gwaanegumbo. Omuhoka gwago ohashi vulika gu elelithwe oshimbombo, ngele gwa dhogekwa; gwa tulwa omagadhi.

Okwa kala ekunde lyolunya, etokele kolwaala, lyo ohali tiligana huguninna komakwawo. Omakunde agehe ohaga liwa tango omuhuula (omatalala), ngele ga kukuta ohaga yungulwa, e taga pungulwa miiyuma, nenge mokaanambale. Omakukutu ohaga pakwa po ondulu nuunene okwa li ga yalulwa omwiha niikulya yuunona.

Momakunde, unene olunya, ohamu ningwa oshigali shokweelelwa. Oshikulya shika oshitoye noshi holike koyendji. Moshituthi shopashigwana, ngele kamu na oshigali, ohapa talwa pwa kambela sha. Oshigali sha tulwa *omunwe gwomukuluntu nomwayi,* ohashi ningi *uuthipelungu* noku zi mo!

Omukulukadhi Omuwambo ngele ke na omakunde (ombungisha) oha kala e wete a hepa, oshoka pethimbo lyokwenye ke na omwiha gwasha okutulila po oyana. Omathimbo gamwe, momakunde ohamu tulwa iilyawala, oshoka onkundenona oyo oshikulya oshitoye kwaanawe.

Oofukwa noombundufukwa nayo iikwamakunde ya simana. Komikalo dha yoolokathana ohayi longithwa ngiikulya. Oofukwa nosho tuu oombundufukwa ohashi vulika dhi kangwe, opo aantu ya lye. Ohadhi zi wo omagadhi gokweelelwa nogokugwayekwa komboloto.

Omathimbo gehumokomeho, iilikolwamapya ayihe konyala oya monenwa ehala momalandithilo, onkene naangoka inaaha longa omakunde, oofukwa noombundufukwa, ohe ke yi konga komalandelo. Ashike, walyewo tuu ngele oondya dhokomutenge panena, ohadhi kutha omuntu *ongwafu*.

3.3.   Omboga

Omboga oyo omafo giigwanga, nenge goontanga, ngoka omuntu ha mu, e te ga paka po. Okwa kala omaludhi gopatatu gomboga, ga simana okulongekidhwa, ngaashi ompungu, okashemetele nelopa.

Ngele omboga ya pi, ohashi vulika aantu taa yi li *ehomya*, nenge yi dhigwe yi ningwe omweelelo. Osheelelwa shomboga sha tulwa omunwe gwomukuluntu, oto tokokele mo elaka. Gumwe nokuli omboga ndjoka ya dhigwa ohashi vulika a tapule owala ngaaka meukililo.

Omboga yimwe ohayi hopolwa koshini, yi nengene, iiti yi teyagulwe mo, yo yi loyakane nawa. Konima ohayi andwa omakaka, go taga kukutikwa pombanda yondunda, nenge pehala kehe tali shi opalele.

Elopa ohali ningwa unene momafo, ngele goontanga, gomakunde, ekwakwa osho nosho. Ndjoka ohayi andwa unene omakaka, ashike nayo omweelelo omwaanawa.

Omboga yimwe ohashi vulika yi ningwe moontumba dhomatanga omanene, omaliwa, kashimba noonuulungu, dha dhingulilwa owina oshilonga shoka.

Iifo yompungu ohashi vulika yi kukutikwe, e tayi ka longithwa pethimbo lilwe nando omokwenye. Ohayi tutikwa nokupakwapo ya shuna kuupeepeka.

Omuwambo olwindji ngele ta lalekwa megumbo, onguta ye oku na okweelelitha ekaka lyompungu, opo a kale e na elago molweendo lwe. Iitenya yOshiwambo ngele ye ya okutseyika, piikulya yawo ihapa *pumbulukwa* ekaka.

3.4. Omatanga

Omatanga nago oge li pamaludhi ogendji; *omaliwa, ookashimba, oonuulungu, omanyangwa omanuwa noonambalakata/omungongo.*

Omatanga giihenda ohaga kunkulwa oonyula, taga pakwa po, tamu zikilwa uusila uushona womahangu, li ningwe oshipilili. Ohashi vulika wo etanga li papagulwe iipambu, e tayi tulwa po, ngaaka, yo aantu taya li *iipapagula.*

Eliwa lya kunkulwa, e tali tetwa muupambugona, shampa wa fuluka nawa, aantu ohaya vulu oku wu ziga mo momeya, nokulya ngaaka, *onyuwi.*

Ano momaludhi gomatanga agehe ohashi vulika mu longekidhwe iikulya iitoye, komikalo dhi ili nodhi ili ngaashi ndhi: *onyuwi, iipapagula, onyiitoko, iine yanakayoko nontanganayina.*

Omatanga gomanuwa ohaga kala ga pya nale panshitwe, ihaga pakwa po. Mugo ohamu telekwa ondjema niipilili wo.

Omatanga goonambalakata/omungongo, ohaga toolwa mo mepya, taga gongelwa oondumba, opo ga hwagwe, mu ze oontanga.

Eyoololo lyoontanga miikakole oli li pamikalo odhindji. Aantu yamwe ohaye dhi hwaga nuutemo nokukolola mo oontumba, yo taye dhi aneke pomutenya dhi kukute. Iiyanekwa sho ya tsakanene nomutenya, ohadhi yungulwa nokuyelwa, opo oontanga dhi yooloke miine.

Yamwe ishewe omatanga ngoka ga hahagulwa ohaye ga paka moshilambo mevi, go olele mo, opo ga ninge *oombololola.* Iikakole yomatanga moshilambo moka haye yi yungulile mo nombulu yomuhi. Oombololola shampa dha niti nokwoola nawa, ohaye dhi yogo nomeya, taya yoolola mo oontanga, taye dhi aneke nawa pomutenya.

Oontanga ohadhi longekidhwa pamikalo odhindji, opo dhi ze iikulya mbi; oontanga dhomukokotwa, ndhoka dhi holike nolwindji ohadhi tsithwa ohoma noondunga. Patiyali ohadhi kangwa, e tadhi tsuwa nokuthithwa dhi ze uusila, e tawu pakwa po *etapati.* Kombanda yepwati ohaku *vivile* omagadhi. Omagadhi ohaga *kengwa* ko taga tulwa mokayo, opo ga longekidhilwe iilonga yago, ngaashi; *okupanga, okulya, okugwaywa nokulandithwa po.*

Ombinga yimwe yepwati ohashi vulika yi gundwe okasila konkeshenga, opo yi ningwe *ositi,* aantu ya lye.

Omagadhi goontanga ogo omugwayo gwondilo. Ohaga longekidhwa owina kaakulukadhi, haya *tula moontengwa dhawo, omanyondo, okanakamuma, omatu niiyula yongongo,* opo ga nike nawa. Ngoka a gwaya omagadhi goontanga oha kala a punda nawa, oshoka oshipa sholutu lwe osha lomonwa nomagadhi.

Omagadhi goontanga ohaga longithwa iilonga yilwe oyindji, ngaashi *okupangitha omakutsi, omeho nomayulu* gaantu. Omagadhi goontanga nkene ga za oge na oshilonga oshinene monkalamwenyo yomuntu, ndongo okonena ndjika.

Methimbo ndika lyeputuko, oontanga odha monenwa *iihutulithi* yoshinanena, mbyoka hayi dhindi mo omagadhi ga ka landithwe palwe muuyuni.

3.5.   Iiyimati

Okwa kala wo iikulya iikwawo yomuunshitwe. Iikulya mbyoka oyo iiyimati. Ohayi mene momapya, momalundu, miihwa nosho tuu.

Momapya ohamu adhika omiti ndhi: *omiye, oomwandi, omikwiyu, omilunga omigongo nosho tuu.*

Omuye ohagu mbunyuka nokweeta oonkutu. Tagu imi nokugandja oombe, unene pethimbo lyothinge nolyokufu. Oombe iiyimati iitoye noyi holike kaantu oyendji. Moombe ohamu tsuwa oshindangulila, hamu hangwa omeya goombe nolambika.

Omwandi ohagu imi oonyandi, ndhoka wo iikulya iitoye, unene kaanona. Moonyandi namo ohamu telekwa nokudhindolwa iikunuwa yi ili noyi ili, nenge tuu wo oshipili.

Omukwiyu ohagu tameke tagu tete, e tagu mbunyuka gu ete iifo nomagongwa. Ohagu imi oonkwiyu dhoondhiye nomayamba. Shampa tuu gwe eta oondhiye, ezimba lyadho ohali hili aantu niinamwenyo, oshoka ohadhi nika nawa. Oondhiye ohadhi toolwa, tadhi hukilwa omahukilila, nenge dhi anekwe dhi ninge oonganye. Odhi holike kaantu nokiimuna, unene tuu iikombo oye dhi fukila.

Moonkwiyu namo ohamu telekwa ondjema nokudhungwa iikunuwa yi ili noyi ili, yaakuluntu.

Omulunga ohagu imi oondunga. Okwa kala omilunga oonuutoye, oonankete nooshilulu wo. Oondunga oonkunkutu ohadhi tendwa, aantu ya kunye, opo ya nwe omeya nota ya vulu okuthika mpo pu ukiwa.

Omazilolwa gomulunga ohashi vulika ga hahalwe, manga omahaha, aantu e taya nu mo omeya, nenge ya lye iikokotenge yago yomeni.

Moondunga omo nduno hamu hangwa unene olambika, oshikolitha shoka hashi kola nokudhipaga omaiuvo golutu. Olambika ohayi fike omapunga gomuntu nohashi etitha eso mbala. Momilunga ohamu tegwa wo omalunga gokunwa.

Omugongo ogwo uuyamba uunene wamwene gwepya. Ngoka e na omugongo gumwe, nenge mbali meyana lye, oye omuyamba, oshoka moongongo ohamu zi iilikolwa iiwanawa mbi: omagongo, oshinuwa nomahuku. Momahuku goongongo ohamu yengwa omagadhi, haga elelwa, okugwaywa nomonale okupangithwa omavu gamwe, omeho nomakutsi.

Omagongo ogo oshikunuwa shopamuthigululwakalo sha za sha simanekwa, ndongo okonena. Omushamba ngele oku na omigongo dhi vule gumwe mepya lye, okwa li ha faalele hekulu onkoleka yondjupa, nenge okayuli komagongo.

Aawa yamwe oya li haya pandula aalelwa yawo noongombe; ashike okwa li wo aashamba yamwe haya iyugu yo yene. Omuntu shampa a kutha mo ga gwana, e tage mu yi momutse, ohashi vulika a ze elaka, ta lombwele nando ohekulu ta ti: *"Tatekulu, ongula oho tumu ko, ondi ku nine ko okatana."*

Esiku lyanofu ngele te shi pulwa, ke shi shi we. Omuuvanekwa oku na okupewa okatana ke, ngaashi e ka uvanekelwa, manga omuuvaneki kwa li kohi yondhungo.

Ehumokomeho sho lya thiki muNamibia, aantu ya dhimbulula omwago gwomugongo. Opwa longwa iikolo yoshinanena, mbyoka hayi longithwa peha lyooniga, okuthina mo omagongo miiyula yoongongo.

Okuyenga omahuku pethimbo lyeyambukepo, nasho ohashi ningwa niiyengitho ya konda.

Omunkete ohagu mene unene mevi lyehenge. Aawambo kaye gu holele momapya, oshoka ohagu hekula omapya aniwa. Nagwo ohagu ningi omuti omunene nohagu imi oonkete. Oonkete ohashi vulika dhi tendwe, e tadhi zi esila hali ningithwa iipilili. Oonkete nadho ohadhi tendwa mu ze omahuku haga zi omagadhi, ngoka haga longithwa unene okugwaywa.

Omukwa kagu mo unene mOwambo, kakele mOmbalantu moka hadhi monika odhindji hwepo. MOmbalantu omwa kala omukwa omunene, mungoka mwa hupile nale aantu pethimbo lyiitondokela. Pethimbo lyiita muNamibia, ogwa kala tagu longithwa kaakwiita yaSouth Africa ngaashi ongeleka yawo, moka ya kala haya ningile elongelokalunga.

Konima tagu longithwa ngombelewa. Pethimbo lyaNamibia lya manguluka, omukwa gwomOmbalantu ogwa yalulilwa mongundu yiikulunimasimani yomoshilongo.

Omapwaka, omaguni: Miihwa omwa kala iiyimati oyindji lela yopanshitwe, ngaashi *omapwaka, omaguni niikwawo.* Iiyimati yomiti ndhoka nayo ohayi liwa kaantu, unene Aakwankala, aanahambo naakongo, oya kala ye yi thowela. Omaludhi giiyimati ayihe ya tumbulwa metetekelo, panena ohayi adhika wo pomalandelo pomathimbo gokupya kwayo.

Iiyimati iishona yomiihwa ohayi likolwa noyo ngaashi *oombu, ooshegele, ooshe, oompundu oonakalungu noonakakoma.*

Omutatahe ohagu mene wo nomomapya. Oontantahe mepya lyOmuwambo ihadhi dhanenwa, oshoka omo haya teleke olambika.

Natango tuu miihwa ohamu likolwa *oombeke (kiikukulu) noonzupeke, onona yaasita*, ndjono hayi kala yi idhingila kiihwa iikwawo. Iiyimati ya popiwa metetekelo ohayi kwatha nawa aasitangombe, aanahambo nAakwankala momakuti.

3.6.   Iikopwakopwa

Iikopwakopwa yokelundu yilwe natango hayi liwa unene kaasitangombe ongaashi mbyo tayi landula: *oothegwathegwa, oondapandapa, oontungwanangalo, oongungu, oondago, omakakamufule, omavo.*

Iikopakopwa mbika oyindji yayo ohayi hadhahadhwa unene kooha dhomeya pomadhiya, nenge momeya mo mwene nokuli. Omufukulimavo ohu uvika sho ti imbi ta ti: *"Iikuku tsa ndje, ngaye ndi ku tse wo."*

Aafukuli yomavo moku shi ninga ohaya nyaangidha kohi yomeya noompadhi, opo evo li mu tse mompadhi, ye e li fukule po.

Oongehu ohadhi ndandwa kuukukutu, mpoka hadhi dhimbululwa dha mena, oshoka ohadhi imine mevi nohadhi nganyene mo. Okwa kala wo *ooshalata* hadhi fulwa mevi, unene tuu kooha dhomadhiya gomeya.

Iikopakopwa yoludhi ndwoka nayo oya thika komalandelo. Ano koombinga nkoka ihaayi likolwa, aantu ohaya vulu oku yi konga komahala giipindi.

Omatindi: Momakuti aasitangombe naakwakuti yalwe oye na mo omatindi ogendji, ngoka ye ga hole noonkondo ngaashi: *enyowa, ombutu (yanamukuto, yanamuho noyanamudhingila), ombimbo, oshingavungavu, okanyege/endamasita, omboomboka, omudhika nokathimbila.*

Omudhika osho gwe etwa paantu, oshoka koombinga dhimwe dhuuyuni ohagu tsikwa. Omidhi dhagwo ohadhi papagulwa nokwaanekwa, e tagu tsuwa uusila wokuteleka iithima.

Omatindi galwe ohaga liwa nohaga kutha enota, oshoka mugo omwa kala omeya ogendji gokutidha po enotandjala lyomukwakuti.

3.7.   Uuthipelungukulya

Iinyemukipuka: Aantu sho ya kala ye shi okwiihupitha, monkalamwenyo Aawambo oya lolalola iinima, e taya dhimbulula mbyo yi shi kuliwa naambyoka itaayi opalele okuliwa komuntu. Muushitwe oyi itsa mo natango iinyemukipuka mbi: *omankandangali, omagungu, omaankowa, omanampalo, okawakole, okatapate, okanangole, okawowo niikwawo tuu ye yi fa.*

Iinyemukipuka mbyoka shampa ya kangwa momagadhi gongundi, nenge goontanga, ohayi ningi uuthipelungukulya uuwanawa, wumwe okaakuluntu nuukwawo okaanona.

Iinuki/tukipuka: Koludhi lwiitukipuka nakwo okwa kala mbyoka hayi liwa, ngaashi: *Iitandambuka (oonakapunda) oombahu, uushenye, iimikumiku, omambulunganga, omango noothakulathe.*

Oshikondo shUundjolowele muNamibia ohashi tumbula tuu kutya, muyimwe yayo omwa kala iitungithilutu yontumba noyongandi, onkene hashi yi popile, nando ngiika haayihe.

4
Omizalo dhOshiwambo

Omizalo ndhoka hadhi zalwa pethimbo ndika, taku tiwa odhopamuthigululwakalo, kadha li dha tseyika mOwambo, ashike itashi ti aantu kaya li haya zala ando. Aawambo oya za ye na omizalo dhawo haye dhi longekidha yo yene okuza miilikolwa yawo yene.

Aantu oya kala ye na iimuna yawo ngaashi, iikombo, oonzi noongombe. Ano shoka ya kala nasho, osho tuu wo ya longitha mokwiitungila iizalwa. Oya li ishewe haya longitha shoka haa kutha kiiyamakuti.

4.1.   Omizalo dhoshikiintu

Omizalo dhoshikiintu odha li omihanga, iipa yoongombe, nenge yiikombo. Omaulenga gawo oga li oomba, iimona, omagwe omanene noongondo pomagulu.

Muuyuni mbuka omwa kala oludhi olunene lwondhila yimwe, ndjoka ya lukwa ompo. Ompo oyo ondhila ndjoka yi vule oondhila dhilwe, hadhi monika mOwambo, ashike ihayi tuka, oyi na owala ontuku. Yo ompo ohayi kala unene mombuga nomomakuti, kokule naantu noko hayi tentekele omayi gayo.

Muuyuni mbwiya, aalumentu Aawambo mboka kwa li yi itumba, oya li haya ka konga omayi goompo. iIonga yokUushimba sho ya eguluka, unene moofaalama, aalumentu oya li haya hu ko iipakosolwa yomayi goompo, mbyoka ya lukwa *omayenge*.

Omayenge oga kala uuyamba uunene, oshoka omo hamu longwa omihanga, ndhoka dha kala omuzalo niipako yondilo noya simana lela komukiintu kehe Omuwambo.

Opo omayenge ga ningwe omuhanga, ohashi pula iilonga oyindji. Tango ohaga kunkulwa nokudhigililwa nontakasho pokati. Hashi landula ko okukonga oombale nokushoogona ko omalumengoyo oshoka ogo ga kola nawa. Kelumengoyo okwo hoka haku hukilwa omayenge ga pwa okutakashelwa/dhigililwa, opo ga wape okuwegwa noga ngolonge nawa.

Tango omukulukadhi oha hukile omayenge kelumengoyo, ta ningi omaludhimbo nomaludhimbo, ye ta kutha okamanya nokuwega nduno omuhanga ngoka.

Sho a mana okuwega, ye ta kupike ondungu yelumengoyo, kondungu yongodhi yoluthipa nokuhukila ngaaka oondanda dhomuhanga okuza kongoyo ta pwedhele kongodhi. Shoka ohashi ningwa nuunkulungu.

Omuhanga ngoka gwa nina eyoka, ohagu ikalekelwa kongodhi yagwo. Ngawo otapu holoka uuhangona nomuhanga omunene.

Oondya dhuuhangona odho hadhi tulwa koshaalo shokohi, omanga omihanga ominene hadhi kala koontanto dhokombanda, (tala ezaleko lyomufuko).

Omuhukili ohi ipyakidhile noshilonga shoka uule woshiwike, nenge iiwike, sigo a tsakanitha omaludhimbo ogendji taga gwana iiyalo itatu, sigo ine mombunda yomukiintu.

Momapindikathano gAawambo, omuhanga ogwa kala gumwe gwomiipako ya simana, oshoka ohagu vulu okulandwa ongombe, oshikombo, nenge wo iilya. Ogwa li hagu mangululitha oonkwatwa moonkandja.

Kakwa li omizalo ngodhoshinanena, onkene omukulukadhi konima okwa li ha zala oshifelelo shoshipa shongombe sha hikwa, e tashi nengena nawa.

Komeho ohaku zalwa oshiteta shongombe, nasho wo sha hikwa nosha tendwa nawa. Aakiintu yaanenentu oya li haya zala iiteta yoongalagombe. Omusamane okwa li hi impwiyike okutendela omukadhi epaya lyomombunda lyoonyemba.

Mothingo, aakiintu oya li haya zala omaulenga giimona nomagwe. Oomba niimona iiluudhe oya kala hayi zalwa unene kaakiintu yomalenga naawa, unene tuu oshimona shoka oshiluudhe haku tiwa *oshaNangolo dhaAmutenya*.

Oongondo odha li omuzalo gwopoompando dhaakulukadhi, opo aniwa dhi ya imbe okweenda taya lompauka.

Aakadhona oya li haya zala omihanga, iimona niipa ya hikwa nokutendwa nawa yi opalele. Omukadhona ngele a koko, omuzalo ohagu lundululwa, e ta zalekwa oondjuhi, opo a tegamene okufukikwa.

4.2.   Omizalo dhoshilumentu

Omizalo dhaalumentu odha li dhi ili. Mombunda aalumentu okwa li haya zala epaya, omunya gwoshipa shoongombe, sha hikwa nawa. Aasamane oya li haya itendele oonkutuwa ya zale. Onkutuwa oyo oshipa oshishona sha hikwa nokutendwa nawa. Konima ohayi monika ya peta ya fa ooniga dhongombe. Komeho ohaya zala oshiteta shongombe sha hikika.

Koompadhi oya li haa zala oontsakaya, ndhoka ya tenga moshipa shongombe sha hikwa nokutsuwa oonganyutu, e taye dhi hondjo yo yene. Oongaku ndhoka nadho tango odha li dhoohashikeshalye, konale naakulukadhi yamwe ye ke dhi tendelwa ngaa kaalume, mboka yi itumba noye ya simaneka.

Omumati oha tendelwa ongama, ekwatandjala; epaya enene hali kwatha omulumentu pepunda, kaaha uve ondjala mbala , uuna te ende nando omomakuti.

Aamati nayo oya li haa ningilwa uunkutuwa wawo, uushona ngaa waa thike powaakuluntu.

Aawambo sho ya tsakanene naantu yiigwana yilwe, unene Aaeuropa mbo ye ya kuyo, omizalo dhawo ya tameke oku dhi lundulula. Aamati naasamane oya tameke okuzala omalapi omaleeleka komeho, ga lukwa *oonandjengwa,* dho oondjiwamaako, oondjiwamagulu nomagala ga ka tseyikile wo kAawambo.

Aakadhona nayo oya tameke tuu okuzala omalapi omale, ihe oga li owala gokomeho, manga.

Konale oohema dhoontulo, ndhoka pangashingeyi haku ti odhOshiwambo, osho tuu oohulukweya, dhe ki ile. Omuzalo gwoshikiintu nogwa lunduluka okuza muuyuni wOndowishi.

4.3.   Iinguma

Moondjugo dhaakulukadhi nokomitala dhaasamane Aawambo oya kala haya yala, yo hayi isiikile. Nando kapwa li iikumbyatha, ngaashi yopethimbo ndino, opwa li iiyalwa mbyoka ya za mushoka sha li po pethimbo lyawo.

Mondjugo omwa kala hamu yalwa ombanza yongombe. Ongombe shampa ya si, ombanza yayo ohayi alelwa nawa, opo yi kukute yu ukilila yaa na egonyoto. Ngele ya kukuta nawa ohayi pelwa nokuyagwa meni. Ohayi tendwa nawa noyo nduno hayi ningwa oshiyalwa shomondjugo.

"Egonyoto lyombanza ngele we li tete po, opevi to lala."

Mondunda yomusamane ohamu dhikwa oongudhi ne. Koongudhi okwo haku tulwa omitenge mbali, kombinga nombinga, ndhoka dha lukwa oontanzi. Koontanzi okwo nduno haku tatelwa uupokolo nenge uutigona wa tetwa nawa oombando, wa yelekana nawa, opo shi ninge ontala yokulala ko yamwene gwegumbo.

Opo uuti wontala waaha gwe ko koontanzi, ohawu mangelwa ko, wa tatekekwa nuukeka nomihuya, nenge nomiya dhoshipa shongombe.

Ohaku yalwa nee ombanza yongombe, ya tendwa nuufuuli, yi thike pamwe nontala, e taku yalwa nawa iipa yiikombo, nenge yoonzi.

Ano iipa yoongombe, yiikombo noyoonzi, oyo kwa li hayi longithwa iinguma yokwiisiikila moondjugo dhaakulukadhi nomomitala dhaasamane.

Iipa yiikombo, nenge yoonzi tayi hikwa nawa, e tayi tendwa nawa nokuhondjelwa kumwe, yi ninge ongwaya, ndjoka ya kala nuupyu wu vule nowekumbyatha lyonkoshi.

Omukuluntu uuna a gondja, okwa li wo hashi vulika a kale a kuutumba, nenge a lala pongwaya. Aagundjuka, unene aamati, ohaya tungu iiyala yoombale, ya vule okuyala koontala dhawo.

5
Iilonga yOshiwambo

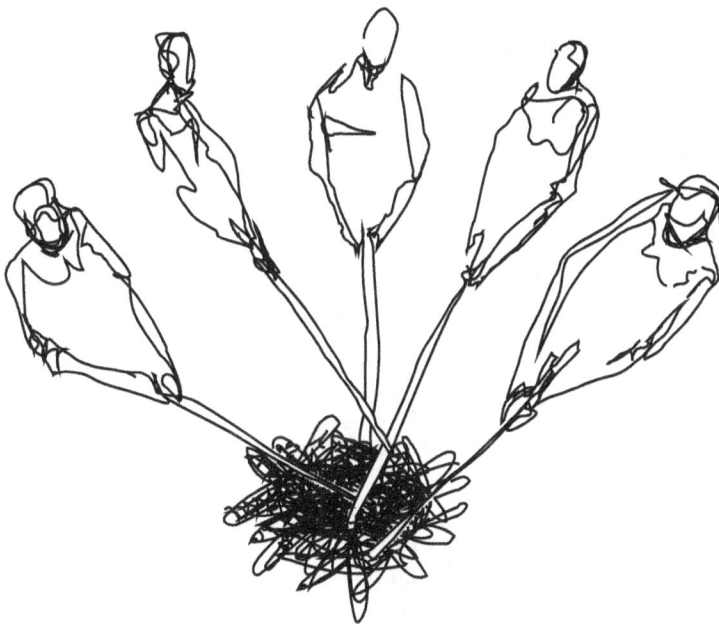

Okuza konalenale, kakwa li iilonga yokomutenge, kokutya yopondje yegumbo, ngaashi nena. Aalumentu Aawambo, opo ya gongelele omagumbo gawo iikwatha nomaliko, oya za haya ikongele iimuna yawo.

Aawambo, ngaashika wo Aabantu palwe muAfrika, oya kala oonkulungu noyi igilila okwiikwatha yo yene moompumbwe dhawo, ngaashi dhiipalutha, dhiilongitho nodhomizalo. Aalumentu ayehe oya kala ye shi okuyala, okutunga nokukumba oondunda.

Omulumentu e na okukala e shi okutunga omutse gwondunda noku gu tata oshipahu, hakudhingila owala ngaaka, aawe. Okuyala iigandhi noku yi tunga wo oshilonga shomulumentu kehe.

Aakiintu ayehe oye shi okutunga oontungwa, okutsa iilya nokuteleka. Iilonga yimweyimwe ayike kwa li inaayi tseyika kukehe, ngaashi ando iilonga yokonzimbogo, okuhambula nokupanga aantu, oshoka ohaku tiwa: *"Omuntu ngele ito hambula, panga."*

5.1.   Iilonga yoshilumentu

Egumbo

Natango tuu opwa li omayooloko pokati kiilonga yoshilumentu noyoshikiintu.

Okuteta omiti ominene koshiheke noku dhi humbata ko. Okukonga oohonga dhokutungitha oondunda dhegumbo, oku dhi kumba noku dhi dhika. Okudhika omalukutu gegumbo noku ga kamba nawa, opo kaaga teke po kombepo nokomvula.

Okuteta oontsapala, okutuula omihuya nokuninga oongonga dhadho. Okutunga iigandhi yokupungula iilya. Okugumba enkolo, opo li keelele iimuna niiyamakuti yaaha lye po epya.

Okutonatela iimuna moku yi litha, okunwetha/ okuhugila, okukongolola, okukanda noku yi panga. Aalumentu mboka oonkulungu ohaya hongo omatenga gokukandela niitenga yokunwinwa osho wo omatemba gokweelelelwa.

Oombale aantu oye dhi tungitha wo iiyala yokulala niimbamba yoku ka tapitha omongwa kekango. Omakango ga li ga tseyika unene gaali, lyaNanota nolyaNamboloka. Ekango lyaNanota olya li hali tutuma omahegele gomongwa omatokele tuu to, manga ekwawo lya li hali zi omongwa gwa nika uutiligane nokagwa li hagu hokiwa unene kaatapi.

Ekango

Ekango kalya li hali yiwa oshimbolokota, nenge kehe ethimbo. Opwa li omathimbo hali edhilwa, e taku kala ethimbo hali egululwa. Omweegululi gwekango oye omukwaniilwa mwene gwoshilongo. Okwa li ha tumu ko osheendo shi ka egulule ekango. Osheendo sho sha li hashi kwatelwa komeho kuNashidhiga, omutumwa gwombala.

Pethimbo Nashidhiga e ke egulula ekango lyondhilu, moshilongo omwa li hamu holoka onkalo yokathilukenyenye noyombili. Pethimbo ndyono, ihamu dhengwa muntu, ihamu tselwa ngombe, nenge oshimuna shilwe. Ihamu humbatwa oshikondjitho shilwe, kakele konkunya.

Omalupale ohaga kombwa nokupalwa konima yosheendo shekango lyondhilu, sha galukila moshilongo. Omalwenge itaga lithwa, sho noshipe itashi liwa, manga inaashi gandjwa okuza kombala yoshilongo. Omukalo nguka ogwa li gwa dhigininwa unene mOndonga, mOngandjera nomUukwambi. Ogwa ka yululuka ashike konima, uukriste sho wa tsama mOwambo.

Iiyendo yaanekango okwa li hayi ilongekidhilwa kaasamane, mboka ya tumba osheendo shawo. Tango ohaya tungu iimbamba yoonkogo komilungu, moka taya ka tapela omongwa. Ohaya hongo omapokolo gomulunga ga ninge omitenge dhawo, nkoka taya ka hwekela iimbamba yomongwa.

Omapokolo ohaga ululwa oombululu koondungu adhihe. Oombululu ohadhi ululwa nondjela nohadhi kala ndatu, sigo ne, kondungu nondungu yepokolo. Ohaya hongo iiti yoontsitho, ndhoka hadhi hwekelwa moombululu dhomutenge koombinga adhihe, opo dhi imbe iimbamba yaaha pweyuke komutenge. Kakele komongwa gwomiimbamba, koontsitho ohaya ka hukila ko ishewe omahegele.

Omongwa gumwe ogwokulongithwa megumbo, omukwawo ohagu umbwa oompalo, opo dhi ka hehelithe iilya. Aandonga oya li ya simaneka okumanga omitenge dhoompalo, ooshambalimbali kombinga, nokuya nadho kohehela, unene kUukwanyama.

Omumati opo ti itoto kekango, pOkakulukadhi, oha ningilwa po iimwaka koonkuluwa. Ngele ina kotoka nawa, tashi vulika ngaa ta ningithwa iinima yowala, opo a yolwe nokushekwa. Ashike shampa a tapa omongwa, omutenge gwe gwotango oku na oku gu faalela he, nenge hegona.

Osha li etumba, uufule nuuntsa kutya, omumati sho a tapa ekango lwotango, kegumbo ohe ya a dhipagelwe ekondombolo kuhe. Koombinga dhilwe okwa li hashi vulika omumati ngoka a pewe ongombe ondema, oshoka ota longekidhilwa uukuluntu. Mpoka omumati oha zi po a tulwa koshaalo, oshoka okwa tapa ekango.

Osheendo shawo aanekango oya li haya ende taya imbi, taya tanga ekango taya ti:

Nankambo okUumbangala lya kala, Nangombe okUumbugantu li li

Miiti ya tetw' oombando, omo lya kolong' ondjugo.

Oombuku dhe li funda po, oonembundu dhe li fundila kokule, li ninge lyaalumentu.

Nadhi kwatwe, manga Amutenya keehe po, Oshindjala manga sha ya koshigali, sholudhilu lUukuma.

Amutenya gwomunekango, oontokele dhoye dha yi, oongombe dhoye oonkangamaluwa yakweni ye dhi ihana.

Ombuga oyi n' omatul' omasizi, Ontale yi n' omatula omambambi guupaka komilungu.

Iipumbu tayi lapa ndje, iidhiya yaShitosi naMuntel tayii lapele ndj' omongwa.

Mombuga ine kothela mo, mOntale yaMunime gwaShigwedha, nda lal' ondjaka, ngegonga.

Nankambo halyakalume kuuntsa, Nangombe halyaNgala naMupembe, olyi itokela lyene.

Ombuga yOkakuku kontsa, Ontale yempo lyaNambelela, yOkagongo kUukuma.

Ombuga hashinyanga shaho, Ontale halugo lyaho nanyoko, mpeya ho lil' omakunde.

Omwa kala onkoshi hayi londo kiiyanda, onime hayi londo kiituntu, yi tale ngo a loloka, yi mu yakule nelaka, yo yi mu hute po sheyoka.

Oonkoshi adhihe dhimwe, oonime naandhi dhokIiyegeko okoonkwawo ngaa hadhi ka lala.

Ondi na omunya gwaShilelo, omunya gwaaha lala muvi. Ondi n' omufunya mongundu, omuntu gwiilombo mosheendo, ngele nda gu ote ke shi tya ko.

Nankambo nali ye omunankondo, e li inde moshipala, omunamagulu e li inde mokugulu, lyaaha gwithe Ntaagona. Naangoka a vulwa nali lye omaliwa, Nangombe li ly' omatanga.

Omiti dhoshilongo sho tadhi tumbu ko, ite lindile we shinkenya, sha za mondha yamukwetu.

Nangwaka, nakuval' aakatalume, tal' aana yayakweni, sho ya ty' iiyanda yomongwa.

Ekango lyoontsezi olye ya, manga omukandi inaa kanda, ye omunangombe inaaka gwaneka.

Mwa tala mwa f' oomenye, mokutongolola mwa f' oonkwanuukala tadhi ka shilil' omeya?

Ekango lya kala hali hangelwa, Nangombe hali tselelw' oongombe kuNembungu lyaMutundu.

Ite zimine oshiyuhwa sho, she ya shaa na oshitako, oshikondombolo she ya shaa na okugulu. Oshike sha kala hashi hadhitha, manga inaandi ka tapa ekango?

Koneka: Oonkulungu dhimwe odha li ishewe hadhi li tanga tadhi ti:

Ombuga yomUumbangalantu, Ontale yomOndonga yaNangolo, okwo kwa kala Nangombe, ekango lyomIiyegeko.

Kongwe hayi lili momigulu, momakuti gaMuntele, taga lapele ndj' ekango.

Konkoshi hayi pumbu momigulu dhOokwandja naShitosi, dhOokaluwa nEpeke, dhaNdjamba naMalengefo.

Oombuku odhe li funda po, omanembundu ge li fundila kokule, li ninge lyoohandjenda.

To pit' Oshimbandakango kumwe nOnamutayi. Sho to ti mIiyegeko, omo lya kolong' ondjugo.

KOmbuga yaa yiwa namundjundo, kOntale yaa yiwa nashilundo, shayo oko to shaa dhee!

Oyi n' omatul' omambambi, guupaka komilungu. Omo ga kala mOntale haga ti tsiilili pombanda.

Tango oho fukalekwa, manga opo to li ti meho.

Oonamusizi gwaMbuga, yaNamuvi gwapampala, ngele ye li mono ohaya si.

Ombuga hashinyanga shaho, Ontale halugo lyaho nanyoko mpo ho lil ' omakunde.

Nangombe olya kala po nOkakulukadhi haka yambwa nokamongwa. Ngele ino tula po sha, oto eham' omagulu, e to thigala mOntale wu yakulwe po koonkoshi.

Ekango lyaa lindilwa Shikenya, Nangombe lyaa lindilwa Shimputu sha za meteta lyandema. Ohali tapwa niimbamba, mahegele koontsitho, koombaledhiihaka.

*Hangaashi lyuundoongi ndyo lyaa na po onkoleka, nenge okankolekagona.
Ndiya olyaalumentu, lyokolupadhi lwenelwene, lyaamati yomOndonga.*

*Onda za mo tandi itanga, Nangombe tii li popi. Ekango oongombe nda faalele,
Shinangombe oontokele nda yi nadho.*

Ombago omOshitosi, etenga lyomahini omOmuntele.

Miiyegeko nda ya mo noshinantanga, nda ya mo nombago yomeya.

*Nangombe oli na mwene gwalyo, ekango lya tulw' omweegululi, Ngonga
yaLushindo lwaNameya gaMbili, oye mwene gwalyo.*

*Ekango ohali dhipagelw ' ondjuhwa,Nangombe hali gandjelw' oshikombo,
kungo ho li tapa nawa.*

Tango okoohogona, olutiyali ombushoye nolutitatu wa koko.

*Nena ngomuntu to li tala, oto ti halyo Nangombe, lya tsima lya f' uusila. Lya f'
iiyanda yaMbuga.*

*Nena ngoy' Omundonga, shono ho li tala, oho li tile ngiini, pamwe ongaashi
Oshomeya?*

*Nangombe miIyegeko mo lya shitilwa kuPamba, mo lya kolong' ondjugo, omo
lya ningilw' okamba.*

*Mundonga pandula Nampongo, kOukwanyama panduleni Pamba, e mu dhikila
Nangombe mu lye sha towala nawa.*

*A, nando omavi ga tutuka, hangaashi ga ly' omayamba, tse otwe li pewa
kuPamba, natango olyetu ngaa Nangombe.*

Uuhwi

Iilonga iikwawo kwa li hayi kutha aalumentu momutumba, osho kwa li haya yi ya ka
fukule iiwengendje, opo ya hambule *iilongitho yomakuya, omatemo, omimvi, oondjindja,
omangemba, ooniho, oontongono, oondjago, oondjela, oontakasho, omagonga, omakupa*
noomwele dhomolumpangwa wo.

Oombongo dhawo ndhoka dhiiyela oya li ye dhi tsa kOtavi, kOshomeya nokOshimanya
(Angola).

Aahambudhi oko ya kala haya ka lumba hoka nomipepo dhawo, taya fukula iiwengendje, taye yi teleke iiyela, yo taya hambula omakuya, omatemo, oomwele, omagonga, omimvi, oondjindja, omangemba, oontakasho, oombela niikwawo oyindji.

Aakuluntu aanene yiiyendo yamwe, poompito dhimwe, oya kala haya yi naakulukadhi yawo.

Iihambulwa mbyoka shampa ye yi eta koshilongo, oya li haye yi landakanitha, opo yi ya etele uuyamba wulwe, ngaashi iilya, iikombo, oongombe nuukambe wo.

Omathimbo ngaka uuhongi nuuhambudhi inayi dhigininwa koyendji, onkene nomupepo gwo gwene otashi vulika ku na aantu oyendji yomapipi gonena kaaye gu shi.

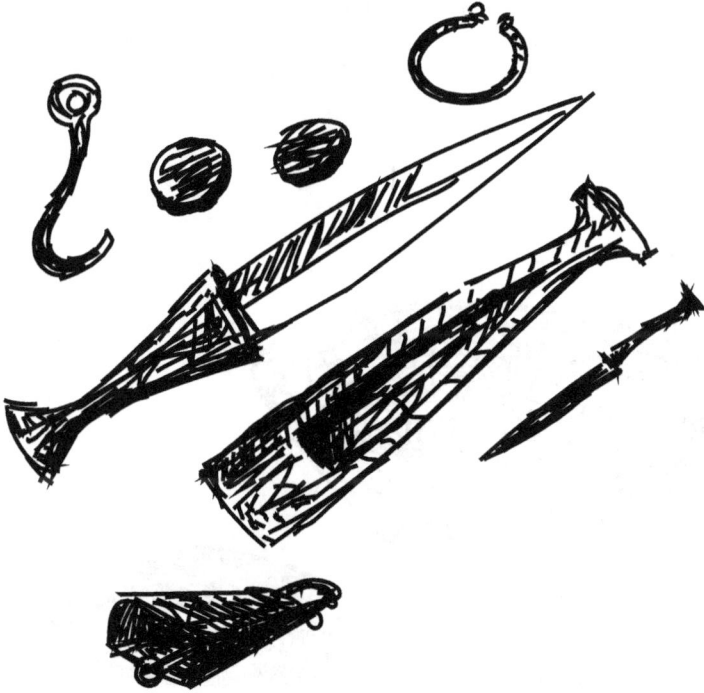

5.2.   Iilonga yoshikiintu

Aakiintu iilonga yawo oya li, unene okudhiginina egumbo nepya. Okutsa nokutelekela aanegumbo, mbyoka oya za noyi li natango iilongalela yawo.

Iikwawo oya li okutungila elugo oontungwa, sha kwatela mo, *iitsilo, iiteelwa, omalilo niinambale* yokondunda yokupungula. Aakiintu yamwe mboka oonkulungu oya fulu oonzimbogo, taya ka tapa eloya kiitapo. Oya kala haya hongo *iiyuma, omatiti gokweeelelela, uuyo* wokulila *nuumbundju* wokukwatelwa ontaku nomalovu, osho tuu wo *omasingulilo*.

Pangashingeyi aakiintu ohaya vulu okulonga iilonga ayihe, naambyoka ya kala nale hayi longwa owala kaalumentu. Aakiintu oyi ilongo wo okuhondja, nenge okuhambula komikalo dha yooloka.

Aakiintu oya ninga *aanongeki, aapangi, oondohotola, aapanguli, aaleli yiilongo, aanambelewa aanene, ooyene yomagumbo, ooyene yomikunda, aatoolinkundana, aanambaanga, aanapoosa, aapolosi, aakwiita, aasitagongalo, aadiakoni, aatungingulu, aafikili,* nosho tuu iilongaithano yilwe oyindji yopondje yegumbo.

6
Omaitaalo gAawambo

Aathithi

Aawambo oya za yi itaala kutya, omuntu ngoka a kala omukuluntu mezimo, moshilongo, ngele a hulu po, ekwatathano lye naathigwa po ihali teka po. Ekwatathano ndyoka olyo hali kala epaya lya mangela kumwe aanamwenyo noombepo dhoohekulu.

Oombepo ndhoka dhoohekulu odha lukwa *aathithi* nohadhi kala dha tala aathigwapo dhi li popepi nayo. Aathigwa po ohaa kala noshimpwiyu shokutonatela aathithi mboka, onkene miinima oyindji aathithi ye na okumbilipalekwa kaanamwenyo, opo yaahe ya geyithe. Ohapa kala uumbanda kutya, aathithi ngele oya geyithwa, ohaya etele aantu omipya omiwinayi nomidhigu monkalamwenyo yawo.

Opwi itaalwa wo kutya, aathithi mboka oyo aapokati kaanamwenyo *nOmunankondo gumwe* e li ko, ihe okwa kala kokulekule naantu, kwo kaku shiwike nando okulye.

Aathithi yo yene nando ihaya monika nomeho, eitaalo li li po okutya, aathigwapo ohaya kala montaneho yaathithi ethimbo alihe. Kutya aathithi openi haya kala ya holama, kape shiwike.

Omunankondo ihaa monika

Eitaalo ekwawo lya kola maantu oondyoka kutya, Omunankondo ngoka a kala handiya yaathithi, *oye omunenenene. Oye mwene gweshito alihe.* Oye he enditha iikogo noha lokithile aantu omvula ye.

Ashike aakuluyonale oye shi itaala kutya, omunankondo ngoka iha monika nomeho gokomutse; nongele ku na ngoka te mu mono nomadhiladhilo, aniwa olwaala lwe olwa fa *osheentsi nolwithi*. Omunankondo ngoka okwi iluka edhina lye ha ti aniwa : *"Ongame Kalunga, Kalunga kAatsa nAayamba."*

Edhina ndyoka aakuluyonale oya za haye li tumbula poompito dha thinana nodha nika iiponga ngaashi: Uuna e li muudhigu, uuna ta yi kuukongo, kuuhwi, kuuwa, ta dhilutha egumbo, ta tembuka, uuna ta kunu, nena oha saagele nokutumbula uugalikano mbu:

> *"Pyuu, pyuu, Kalunga tu kwata komeho";*

> *"Shikukutu na kale moluha, Shinenguni momupolo, Kalunga kAatsa nAayamba, tu kwata komeho."*

> *"Shomeho andola inashi mu mona, shomakutsi inashi mu uva tuu, andola."*

Uuneitaalo wAakuluyonale ohawu konekwa wo miitumbula yilwe ngaambi tayi landula mpa:

> *"Kalunga kaNangombe iha gandjelwa, ye iha yugwa. Iinima ayihe oyaKalunga."*

"Eso lyoye ito li kondo, shaa mpoka Kalunga a hala li ku adhele, otali ku thiki owala."

"Kalunga iha si, iha alukwa, iha lunduluka, ye iha kulupa, shoka a li ohela, osho owala, nonena osho tuu e li."

"Kalunga ke shi yinakulu yagumwe, ihe oyaantu ayehe, onkene oha kwatha ayehe."

"Kalunga ihe ku etha nganyoko, ye Kalunga okoohepele nokaayamba wo."

Omathimbo ku na uulumbu nondjala ya tikinika, aakuluyonale ohaa tumbula ishewe ngeyi:

"Kalunga iha li oyana e ya vala, ngiika e na tuu shoka ta tumu ko."

"Kalunga oha lokithile aantu ayehe omvula ye, ye ohe ya pitithile etango lye esiku kehe."

"Kalunga oye onkulungu, ohamu tala tuu ayihe mbyono a shita; otayi tseyika tuu komuntu?"

Onganga ngele ya li kupanga omuntu ihe ita aluka, hugunina ohayi tumbula wo tayi ti:

"Akwetu, mpaka oKalunga owala ta talwa. Shila Kalunga oti ile po owala omuntu gwe."

Muthithi gwaNampongo

Aakuluyonale oyi itaala kutya, Kalunga okwa kala nomwana edhina lye *'Muthithti'*.

Muthithi ngoka aniwa oha kala megumbo lyahe, Kalunga, nohe mu kwatha miilonga ye.

Muthithi ngoka aniwa naye iha si, iha kulupa, ye iha lunduluka wo. Muthithti tuu ngoka oha kwatha aantu nohe ya popile, aluhe naapehe, ye omunambili.

Iitumbula yaakuluyonale yimwe natango kombinga yaMuthithi oongaashi mbyo hayi ti:

"Muthithiti gwaNampongo, Kalunga okaatsa naayamba wo."

"Nando wa thigwa po kumukweni, Muthithi ke ku thigi po nande."

"She ku pe Muthithi taamba, She ku pe Kalunga kaNangombe shambekela nomaako gaali."

"Shoka she ku popilwa kuMuthithi, Kalunga kaNangombe ita kala inee shi ku pa."

Uunyengwi ngele tawu thelekenya omuntu mushontumba shongandi, nohaluka e shi mono, nenge uudhigu wa piti po, aakuluyonale oya kala netumbulo:

"Onku ho tila, Muthithiti te yi ku longele."

Ngoka ti ipumpuka shoka sha halika nosha pumba, oha tumbula nonkumwe ta ti:

"O, eho lyaMuthithiti olya zi peni!"

Aniwa aanona ngele oya londa koshaanda, nenge komuti gwontumba taa dhana uudhano wokunukila pevi, manga inaa nuka ohi ihiyile omayeye peke nokutumbula taa ti:

"Pyuu, pyuu, pyuu, pyuu, ngele nda teka Muthithti a li ndje, ye Kalunga ta li ndje ohula yomwana, Muthithiti."

Oshilongo shaKalunga omegulu, nenge omevi sha kala?

Aakuluyonale sho yi itaala kuuyuni okwa kala Kalunga, osho wo ya kala nomaipulo gaampo pwa gamena oshilongo she.

Edhiladhilo ekwawo olyo kutya, Kalunga kaNangombe, oku na oshilongo she oshinenenene.

Aniwa methimbo lyuulumbu, esiku limwe manga aantu ya li taa hupu omuthima gwawo gwa ya muule, gumwe gwawo okwa ndondola, ta ndondola e ta ndondola, sigo ombululu yonyombo ya ogokele mombwili. Aahupi sho ye entamene monyombo ndjiya, oya mono mo oshilongo oshinenenene shi li mookandoli. Sho ya tongolola nawa, moshilongo shiya oya li ye wete mo mbi; aantu, oongombe, omayana nomapya giilya, iihwa nomiti noyindji yilwe ngaambyoka yokevi.

Oyi idhiladhilile kutya, o, shoka osho oshilongo shaKalunga. Aantu sho haa si ko kombanda yevi, oko haya yi nkoka, koshilongo shaa yiwa namapaya. Kalunga oye mwene he ya ithana ya ye kuye, kegumbo ndyoka enenenene ihaali hupwa muntu.

Edhiladhilo lilwe ishewe lyaankoka kwa kala oshilongo shaKalunga otali konekwa mumbi: omuntu uuna a togala meho, oha ligalala, a tala pombanda, ye ta tumbula ta ti:

"Kalunga fugula ndje, Kalunga fugula ndje."

Iitumbula yaakuluyonale iikwawo natango tayi pampadhala mpo pwa kala oshilongo shaKalunga, ongaashi mbyo:

"Kalunga okegulu ha kala."

"Uuwa waKalunga wegulu ihawu hogolola pevi."

"Ouhamba wu li pombanda, ihawu tondola pokati kaantu."

Uuneitaalo wAawambo pamahokololo gawo, owa fa uukulu. Shila owa kala owala inaawu ya fatulukila noku ya yelela.

Omatumo sho ga thiki kiitopolwa mbika yaNamibia, ngaashi mOndonga 1870, oga thikitha omanyolo omayapuki gopaMbimbeli, taga fatulula ekalopo lyaKalunga kaa hulu po. Onkene pahapu dhomuyapostoli Paulus, otage wu thikike nawa sho taga ti:

> *"Kalunga ngoka hamu mugalikana, nando kamu mu shi, oye tuu ngoka tandi mu uvithile nena." Iil.17:23b.*

> *"Kalunga oye Ombepo yu udhitha egulu nevi, Oye onakukala akuhe nomunaaluheluhe."*

Omunankondo, ngoka a kala kwi itaalwa kAakuluyonale, a kala kokulekule, ye ihaa monika, e na omwana Muthithi, oye tuu ngoka:

> *Kalunga He, Kalunga Omwana naKalunga Ombepo Ondjapuki.*

7
Omisindilo/Iidhila

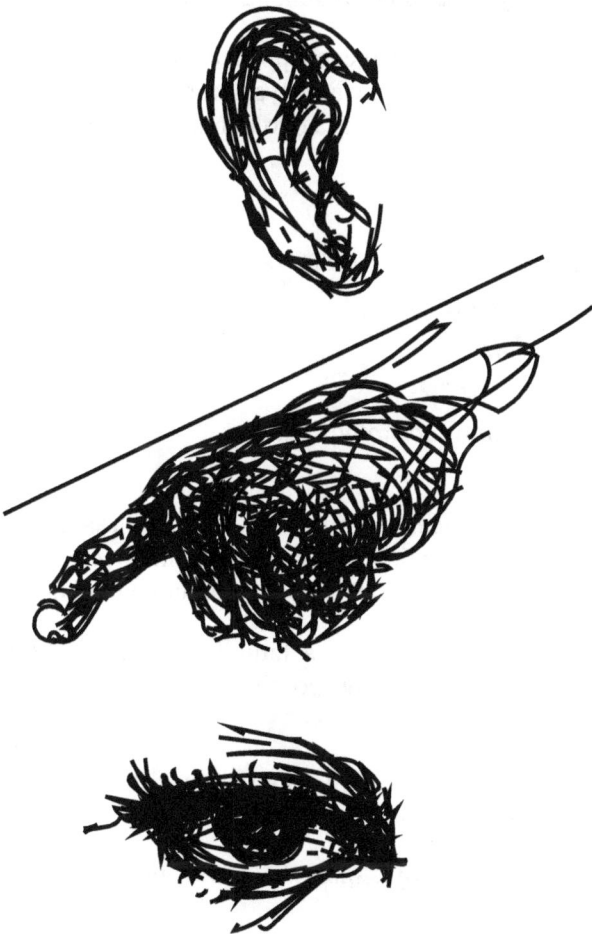

Omuntu opo a putuke e li mekondeka nomoongamba dhonkalamwenyo, aakuluyonale oye mu tulila po oompango nomaindiko, mpoka e na okuhulila, momadhiladhilo, mokulonga, nomomainyengo giindjambulwalonga ye ayihe.

Oongamba ndhoka odha kala dha gandjwa kaapangeli yoshigwana, dho dha taambwa nokuuvathanwa moshigwana ashihe kutya ngoka ta monika a taaguluka omusinda (omusindilo), nenge eindiko (edhiliko) lyontumba lya tulwa po owina kewiliko lyoshigwana, ota talwa omupogoli, oshoka okwa hala okweetela oshigwana omipya nokuteya iipwe.

Omupogoli ngoka oku na okupangulwa, e ta pewa egeelo, oshoka okwa taaguluka ompango yoshigwana. Omolwasho menongelo tuu ndyoka aantu oya kala haya longwa wo omisindilo niidhila ayihe yomegumbo, yoshilongo noyomonkalathano pakwalukehe.

Mbika oyo ya kala enkolo enene lyokugamenenapo elandulathano monkalathano yaantu. Aanona manga taya putuka ohaya longwa kutya, momagumbo gamwe ihamu tiwa shontumba, nenge shongandi, oshoka mbyoka oyo iidhila yomagumbo ngoka niikwawo yoshilongo ashihe.

Hol:

"*Megumbo ihamu tilwahi omeya uusiku.*"

"*Mondjila ihamu sitamenwa.*"

"*Ondjuhwa ihayi yothwa.*"

"*Oshikombo ihashi yakwa.*"

"*Ombiga yokutelekela ihayi kookololwa uusiku.*"

Omisindilo ndhoka odha kala iikandekitho niiyimbi yokukeelela aantu kuuwinayi, nenge ya shituke iimpulu, iipululu, aadhipagi, aaihoyimala, aafuthi niiyokoto, yo yaaha iyetele omipya omiwinayi nomidhigu dhomonkalamwenyo yomuuyuni mbuka.

"*Iipango omulongo yaKalunga,*" andola oya fatululilwe taku ti: "*Iidhila omulongo yaKalunga,*" andola oyu uviwa ko muule hwepo, shi vulithe ngaashi ya fatulwa moshitya shoka, "iipango."

Ngawo monkalamwenyo yoshigwana omwa dhigininithwa uuyogoki womadhiladhilo, womaiuvo, welandulathano nowesimaneko lyoohedhi.

" *Kee ku lombwele, ke shi gwoye, sho oshiwanawa ihaku tiwa landa.*"

Mpaka otapa landula omisindilo niidhila yimwe yopashigwana. Lesha ngoye wu kuminwe oondunge dhi thike peni, ndhoka Kalunga a tula nokwa gandja kaakuluyonale, mboka omuntu gwanakanena ha ti: "*Inaya longwa sha, yo ishewe kaye na sho ye shi.*"

1.   Aafukikwa ihaya lalelwa mohango.

2.   Aakiintu yomazimo gamwe ihaya ushikwa, oshoka ope na shoka sha dhimbululwa.

3.   Aantu ihaya kundathanene medhiya lyomeya, nenge moshilambo, oshoka oshilambo ohashi hunganeke ombila (tala wo nonomola 42).

4.   Aantu ngele taya li ya mutika (omulungu gwa futama), ohashi ya ganditha kaakuluntu.

5.   Aantu ngele otaya dhike egumbo lyuuwa, osheelo ihashi kulwa nomuti gwomuhongo.

6.   Aantu ngele oya pwipwikilwa kondunda, manga ya kuutumba mo, ohaya pwikulwa mo nonyama yongombe onduudhe yaahe na oshaala.

7.   Aantu uuna taya ende ontega, e taya adha ontandamulenge, ye na oku yi enda kombinga, oshoka ihayi tulwa pokati.

8.   Aantu ngele ya ka dhenga ekumbu, e taya kwata ko oongombe, omahini ngoka taya adha moondjupa ohaga tilwahi (tala wo nonomola 26).

9.   Egonga nosho tuu ekuya ihaga toolwa.

10.   Egumbo lyaa na omisindilo, kali na wo iidhila yasha.

11.   Ehete lyomalovu ihali tilwahi moshigunda, shila okombila yamwene.

12.   Ekakala ihali liwa komusimba, ota kala a vale egoya.

13.   Ekondombolo ngele olyi igi ongulohi, oshidhila (yeleka wo nonomola 47).

14.   Ekuya lyonkelenge ihali toolwa.

15.   Ekuya ihali yakwa, oto iyetele.

16.   Ekuya netemo kage egamathana.

17.   Elaka ihali liwa kaantu yaali: nongele to pe ko mukweni, ine li kwata, shila teta ko, e to mu tulile pokakangwa, opo nawa e li kuthe po a lye (yeleka wo nonomola 38).

18.   Etango ngele lya yi mo manga aantu taya tsu uulalelo, ye omunona gumwe ta tilehi omeya, ota tsuulula ombalu, go omavovo tage ya megumbo (yeleka wo noonomola 63, 179).

19.   Iilya ihayi tilwahi meelo lyegumbo, okuninga mwene gwegumbo a sa.

20.   Iilya ihayi tulwa mombiga yombelela, okuninga mwene gwegumbo a sa.

21.   Iita ngele tayi thikamene megumbo, omahini goongombe ihaga zilwa.

22.   Iiti yonyege ondumentu ihayi dhikithwa lukutu lwuuwa.

23.   Kehe ngulohi mohango yiitsali, Namunganga ohe ya ta dhingoloka iitsali yaafukikwa, ye ta hiki edhila. Ngele omwa adhikilila aalumentu, ohaa zi mo ondapo, opo yaaha se oshiluta. Ohaya vulu ngaa okushuna mo konima, ewi ngele lyo oka.

24.   Komuhi ihaku kuutumbwa.

25.   Megumbo lyomuhumpuuki ihamu huwa shigali.

26.   Megumbo shampa mwa siwa, omahini ngoka taga adhika mondjupa ihaga hikwa, ohaga liwa omoosi (yeleka wo nonomola 8).

27.   Megumbo ngele mwa thikamene ohango, mumboka ya thigala megumbo ihamu lalelwa mukiintu.

28.   Momutenge ihamu hadhwa.

29.   Monyama yongolo ihamu tulwa omagadhi.

30.   Moshifukwa ihamu endwa komulumentu, shila tango ota kutha evi e te li gwaya manga.

31.   Muuwa ihamu sile muntu; ngele a legwa e na okutumbwa mo a ka sile muushamba.

32.   Muuwa ihamu yolwa ongandja.

33.   Mwene gwegumbo nomukadhi uuna ya silwa okanona, ohaya panga olusi.

34.   Ngele omuwa a hala onyama pethimbo lyuuhoho tawu tutwa, iha dhipaga ngombe uuhoho inaawu pwa kututwa.

35.   Ngele omuwa ta tsakaneke okakadhona melundu e ta lala nako, oshidhila.

36.   Ngoka wu na aamati haa li taa pumathana, shoka oshidhila shoye, ngweye mwene gwawo. Uuna lumwe otaye ku pumu po, nenge yi ipume po yo yene.

37.   Ngoka a valwa omuposi (monale) iha lala ko kuuyuni, oha dhipagwa po.

38.   Okalimba ihaka topolwa (yeleka wo nonomola 17).

39.   Okanona okwa li haka tulwa iiyela mokana ya yelekela omayego, opo kaaka

ninge okagoya, he ngele ta lala nayina. Ngele ngo ta lala nayina ke shi he okwa li haka gogwa omayenge omatokele, ga yelekela omayego.

40. Okanona shampa ka pewa ohula kuhe, e ta yi kiilongo, ye yina yako ta lala nomulumentu gulwe, ohula manga inaayi pangwa kuhe, otaka si.

41. Okanona shaa tuu ka mene tango omayego pombanda, yina ngele oye e shi mono tango, oha saagele, ta ti "pyuu, pyuu, nashi pitile kuho". Nongele he oye e ga mono tango osho tuu wo ta ningi, kutya: "pyuu, pyuu, nashi pitile kunyoko."

42. Okukundila omuntu moshilambo, oshidhila (yeleka wo nonomola 3).

43. Okunwina omuthika megumbo, oshidhila.

44. Olukula ihalu tandwa nokutsuwa, ngele iita ya yi mokuti (eleka wo nonomola 86).

45. Olutengwa ihalu tentekwa pevi, ohalu tentekwa pombanza, okuninga ngele mwene a si, opo talu tentekwa pevi.

46. Omahini gomunya, ihaga tsilikwa etango lya ya mo.

47. Omakola ngele taga lili uusiku, aniwa momukunda moka taga lilile otamu si gumwe (yeleka wo nonomola 13).

48. Omasipa gomutse gwombwa nenge gwoshikombo ihaga ekelwahi, ohaga fikwa po.

49. Omazimo gamwe pethimbo lyepiitho lyomwali, ihaga piti ngula, ohaga piti komatango; go ogo omalodhi aniwa.

50. Omazimo gamwe ihaga kwiinine mondhikwa yoshikombo noyomenye, ihe ohaga kwiinine mondhikwa yokatana, yonzi, yombambi nenge yongwe (ngoka gi iyadha).

51. Omazimo gamwe ihaga li nkwaya, go ihaga lala pombanza ya yo.

52. Omazimo gamwe ihaga lile piikangwa noihaga li mayuku.

53. Omazimo gamwe ihaga lukitha oshikulumona nonyoka, ihe ohaga lukitha omuhanga gwolundya lumwe mothingo.

54. Ombandje ngele tayi ulula uutoni tayi ziilile kuuzilo, yu uka molwaanda lwegumbo, aniwa ohayi hunganekele mwene gwegumbo eso (yeleka wo noonomola 55, 58).

55. Ombandje tayi ulula uutoni yu uka mepya ohayi hunganeke eso.

56.   Ombiga ngele oyu uthuka koshitako, manga tayi telekwa, oondya ndhoka ihadhi liwa komulumentu (tala wo noonomola 57, 81).

57.   Ombiga tayi telekelwa onguta yomuntu ta yi kiita, eta yi fulukile pevi, omulumentu ngoka ka yi ko we kiita ho.

58.   Ombwa ngele tayi ulula, aniwa otayi hunu mwene (yeleka wo noonomola 54, 55).

59.   Ombwa ngele tayi fulu oshini, mwene gwayo ota si.

60.   Ombwa ngele tayi ndjindji nokuhumbata oshithima, mwene gwayo ota si.

61.   Ombwa tayi nine kondungu yeelo, oshidhila oshinene.

62.   Ombwa ngele ya londo kosha, oshidhila oshinene, ohayi dhipagwa po.

63.   Omeya ihaga tilwahi etango lya ya mo, embungu lyombalu otali ya (yeleka wo noonomola 179).

64.   Omudhimba ngele gwi indwa, ihagu talwa kaagundjuka.

65.   Omugongo gwa teka oshitayi, omagongo gagwo ihaga falwa kuuwa.

66.   Omuhi ihagu falwa moshigunda epwanga, shila uuna mwene gwegumbo a sa.

67.   Omukadhona a gwa komuti, ihu ushikwa komumati, shila okomusamane (yeleka wo noonomola 69, 71).

68.   Omukiintu a ala eposi ihu ushikwa komumati (yeleka wo noonomola 71).

69.   Omukiintu omwali iha hondelwa, manga okanona ke inaaka mena omayego.

70.   Omukiintu e na okanona ke li miigodhi, iha lalwa naye komulumentu gulwe, okanona otaka ningi okagoya.

71.   Omukiintu ngoka ha sitamene, ihu ushikwa komumati, shila omusamane te mu ushike (yeleka wo noonomola 67, 68).

72.   Omukiintu ke na okwiitheta nokwiinzanda mo nawa omutenya, pethimbo omulume e li kiita (yeleka wo noonomola 83, 85, 102).

73.   Omukiintu iha lalwa naye omutenya, oongombe dhanakulala naye otadhi si po.

74.   Omukiintu e li molupale iha kundu mulumentu.

75. Omukiintu omuntimbe ngele a si (moshito), iha fumvikwa moshilongo, shila omokuti.

76. Omusimba iha fumvikwa, ohe ekelwahi.

77. Omukiintu a vala uupili, e ta hengana, ngoka te ke mu valitha, okaana ohaka dhipagwa po, oshoka ngele ka kala ko, aniwa he yako ota si.

78. Omukiintu ngele taka hokanununwa oha yi nokaaga ke. Ngele a thiki megumbo ndyoka taka hokanununwa, aantu ayehe megumbo otaa piti mo. Sho a yi megumbo, mbeyaka opo taye mu landulile mo nduno.

79. Omukiintu gwambanda ngele ta zi megumbo nokugwaya kesinzi, oshidhila, ye ka shuna mo we.

80. Omukiintu ngele a hokanwa yina e li ko, yina iha tala moshigandhi she, otaka tala mo owala uuna omwana a sa.

81. Omukiintu ngele ta paka po, e ta zikile uusila mombiga, ndele tayi fulukile pevi, oshithima shoka ihashi liwa komulumentu (yeleka wo nonomola 56).

82. Omukiintu ngele ta popitha omwana omusimbakadhona, tango ohe mu fundile evi, opo e mu popithe nawa.

83. Omukiintu ngele ota li oshipe omulume keehe po, omulume ngoka ota si oshiluta (yeleka wo noonomola 72, 83, 85, 102).

84. Omukolongondjo ihagu tsuwa.

85. Omukulukadhi ngele oku na okagumbo, uuna ta li oshipe, oha tula omeya komupini gwekuya, e ta nu. Omeya ngoka ogo omulume nongaaka ota panga oshidhila (yeleka wo noonomola 83, 72, 102).

86. Omukulukadhi iha tanda nokutsa olukula oongombe tadhi ya megumbo (yeleka wo nonomola 44).

87. Omukuluntu iha konya shiti uunona wu li po, ngele te shi ningi, ota hunu po uunona.

88. Omuwa, nale ka li ha hokana, manga he e na omwenyo.

89. Omuwa, ngele ta lala oshilongo, monale ohashi pundula omuthigona.

90. Omukwaniilwa ngele a si moshilongo, ohaku igidhwa ongondji. Methimbo ndyoka aantu ihaa dhiluka, ihaa tutu uuhoho, nenge ya ka longe mepya.

91. Omuwa nale ngele okwa dhenge omuntu ombole moshipala, ita kala nomwenyo omule okuninga omuntu ngoka ta dhipagwa po, opo a fudhe.

92. Omukwaniilwa monale ngele a si moshilongo, ohapa dhipagwa ongombe onduudhe kaayi na shaala. Mekunka lyayo omo hamu kuwikilwa omudhimba manga inaagu langekwa mompampa.

93. Omukwankala a theta ondha; ashihe shoka omuntu kwa li e na, sha pu po.

94. Omukwankala iha utha lwenge (oongombe nando e dhi na kadhi shi dhe).

95. Omukwankala ngele a sile moshilongo, ohaka pakwa mokuti.

96. Omulaadhi ihagu gumwa komuntu ta yi kuuwa. Otashi ningi omupya gwomuntu kaa kundwe komuwa, ye kaaha pewe sha.

97. Omulumentu e na omusimba, ngele a ka hondela, sho ta galukile megumbo ke na kuthitikila omukadhi mondjugo.

    a.   E na oku mu lombwela a pite mo tango, opo omusamane a ye mo, omukiintu e mu landulile mo.

    b.   Ngele tuu omulumentu ina tya sha, ye ta thitikile omukadhi mondjugo, omukiintu ngoka ka tumwa we.

98. Omulumentu iha yi kiita, manga e na okanona ke li miigodhi (yeleka wo noonomola 03, 104).

99. Omulumentu shampa a gumwa komufuko e li mohango yiitsali, ota si ondha.

100. Omulumentu (monale) iha hokana, manga inaa kululwa, oshidhila.

101. Omulumentu ngele ta tsele ohaha, oha ka lala manga nomukadhi, ongombe yi se nawa.

102. Omulumentu ngele e ya ponyama yo ondoka, oha lenge puutiligane, oshoka ngele a lenge poshinkene, otaka yahwa puuwinayi uuna na yi kiita.

103. Omulumentu shampa e li kiita, omukadhi ke na kuhondelwa; nongele te shi ningi, omulume ngele ina yahwa, ta tsuwa kiiti mokweenda kwe (yeleka wo noonomola 97, 121).

104. Omulumentu ngele te ende molupale, oha tsu po manga oongolo, keehe nde mo owala.

105. Omulumentu ta yi kiita, ke na okulala nomukadhi siku ndyo, ngele e shi ningi, okwa laleke tuu omukadhi ngaaka, oshoka ita ka galuka ko we (yeleka wo noonomola 98, 102).

106. Omulumentu a hokana ombanda, ngele ta li oshipe, siku ndyoka ke na kulala kelugo lyopooha, ngele e shi ningi, omukulukadhi gwambanda ota si.

107. Omulumentu u ushika omusimbakadhona, iha pitilwa ketango mondjugo.

108. Omumati iha humbata mudhimba, ngele e shi ningi oku na okunwethwa omeya komusamane opo ta kala nawa.

109. Omumati ngele okwa tungu egumbo manga inaa hokana, oshini ohashi dhikwa pondje yalyo.

110. Omumati nenge wo omukadhona ngele a si, oha lililwa kehale mo meelo lyegumbo ohamu tilwa omeya.

111. Omumbaganyana ihagu yotwa momagumbo gaamboka ya lya nogaamboka haa kowakowa.

112. Omunona e na he, iha li ehuli, shila oshihuli moosa dhahe.

113. Omunona e na he, iha kala thingo yowala.

114. Omunona ngele a dhengelwa megumbo, ke na kuya pondje ta lili, ngele ta lilile pondje, ota hunu po yaandjawo.

115. Omunona ngoka e hole okuhika omakwangwangwa, nenge omapoli, aniwa ota ka ninga epongo newayauki lyuuyuni.

116. Omunona ngele oku na oonteku, otaka kala omuyamba monkalamwenyo ye.

117. Omunona ngele ota hikile oontunda komatundji ge, ota hunu po yaandjawo.

118. Omudhimba ihagu tulidhwa, opo aahumbati ya vululukwe po.

119. Omuntu a sa oshitulila, iha fumvikwa.

120. Omuntu ngoka a yahwa molugodhi, kakele komumwa, iha fumvikwa manga moshaho inaamu fikwa noshiti sha mvumvwa meziko.

121. Omuntu e na okanona ke li miigodhi iha taaguluka mulonga, okuninga okanona ke ta ka lukwa tango (yeleka wo noonomola 97, 103).

122. Omuntu ke na okulya ta thikamathikama piikulya, nenge e ende ta li, oshipwe (yeleka wo nonomola 124).

123. Omuntu iha ndjike oshifo shegonga mevi ondjela ya tala mombanda, shila uuna ndoka tu ulula uutoni.

124. Omuntu ngele okwa pewa omeya, ke na ku ga nwina omuthika (yeleka wo nonomola 122).

125. Omuntu ngele okwa puka, manga u uka kegumbo lyontumba, mwene

gwegumbo lyu ukiwa ota si.

126.   Omuntu ngoka a si, e te ekelwahi, nohaluka a yumuka e ta galukile kegumbo, iha zala we iiguyo mbyoka a li ha zala nale. Ohapa dhipagwa ongombe, a zalekwe iipa iipe (yeleka wo nonomola 128).

127.   Omuntu ngoka a tembuka keehe na omukiintu, nko taka tula iha kundwa ko nawa.

128.   Omuntu ngele okwa li a tsika, e ta tsikuluka, monale oha dhipagwa po, oshoka aniwa ota hunu po aantu (yeleka wo nonomola 126).

129.   Omuntu ngele okwa yile koosa, sho ta galukile kegumbo, yomegumbo ohaa piti mo manga, oshoka oku ya thitikinina mo oshidhila. Aantu ohaye mu landulile mo konima.

130.   Omuntu iha kunu epya lye etango lya ya mo, aniwa iilya ye otayi ka kala yi na uumuma uushona nayi.

131.   Omuntu ngele ta dhilutha egumbo, kali na okupitwa meelo, ohali panunwa palwe.

132.   Omuntu ngele ta kandele ongombe kolumoho, oshidhila.

133.   Omuntu ondjolowele ta li a lala, oti ihunganekele uuvu.

134.   Omuntu ta lili inyongamena miiti yegumbo, ota hunu po mwene gwalyo.

135.   Omuntu ke na okushuna lwanima mondjugo, oshidhila (yeleka wo nonomola 151).

136.   Omuntu ta telekitha omupini gwekuya, ekuya lyo lyene lyaa mo, oshidhila.

137.   Omuntu ke na kuteya oomwenge mepya, manga oshipe inaashi liwa megumbo.

138.   Omuntu ke na okututa uuhoho megumbo lye epe, manga inaamu tsuwa uulalelo.

139.   Omuntu ngele ohe ende ta yelekele aaposi, naye onaka ninga wo omuposi.

140.   Omuntu ti imbi ekango mothinge, oshidhila.

141.   Omuntu gwompulile ke na kutala ontsezi ye; osho wo ombiga yombelela, ota si.

142.   Omuntu ta li nomunwe gumwe, ota pagula po aamwayina ya se.

143. Omuntu ngele a dhikula oshiti molukutu, ke na ku shi dhenga pevi shi teke, ihe oshi na okutetwa nekuya.

144. Omunyekadhi ngoka a vala epaha, iha kala we gwomuwa, oha pewa po elenga.

145. Omupika ngele okwa akukilwa eso, oha ka sigulwa kungoka e mu kwata, oshoka ngele okwi isile, oshidhila shanakumukwata.

146. Omusamane ka dhipaga ntsezi megumbo oyana yaahe mo, oku na okuya gongela tango, nongele ya gwana po ayehe, te yi dhipaga ihe (yeleka wo nonomola 181).

147. Omusamane mwene gwegumbo ngele a si, oombwa dhe ohadhi dhipagwa po wo dhi mu landule.

148. Omusamane ngele a dhiluka, siku ndyoka ta ka lala egumbo epe, ohamu falwa tango oshigandhi shi lale mo sha tentekwa pevi, oshoka ihamu lala owala mwaa na shigandhi.

149. Omuselekadhi ngele ta li oshipe, oha panga oshidhila shoshipe nomunya gwomoshiya shomulume (yeleka wo noonomola 72, 83, 85, 102).

150. Omuselekadhi uuna a thigilwa okahanona ke li miigodhi, ohaka dhipagwa po, ngele ina gwayekwa magadhi.

151. Omusimba ngele a dhimbwa sha mondjugo, iha shuna lwanima e ke shi tale mo (yeleka wo nonomola 135).

152. Omusimba iha tumbu ndunda.

153. Omusimba ihe ende petembu li na oombanza

154. Omusimbakadhona iha hokanwa kelugo lyambanda.

155. Omusimbakadhona (monale) ke na okuvala osheeli shokamati, aniwa aakwawo otaa si; okuninga shila taka dhipagwa po.

156. Omutima gwoshikombo kagu na kupakwa po mumwe nonyama yasho, oshidhila (yeleka wo nonomola 178).

157. Ondema yaa shi simba, ihayi zalwa komumati, oshidhila.

158. Ondhimbo yomumati ngele ya tanduka, ihayi mangwa.

159. Ondigu yokanona ihayi toolwa, ngele we yi toola, pulidha ngoka a kanitha, nongele ina monika, ekelahi.

160.   Ondjugo ihayi kumunwa nomuhi, okuninga mwene a sa.

161.   Ondjuhwa ihayi yothwa, oha yi pakwa po owala mombiga.

162.   Ongombe ombulu kaayi na nando uuguga, omazimo gamwe ihaga zala omiya dhayo (yeleka wo nonomola 168).

163.   Ongombe ngele tayi dhenge omushila mombundu, ohayi dhipagwa po.

164.   Ongombe shampa tayi gongele oonkwawo kelundu, oshidhila.

165.   Ongombe ngele tayi hingi oonkwawo moshigunda, ohayi dhipagwa , nenge yi gandjwe po.

166.   Ongombe ngele oya dhingila omushila koshiti moshigunda, ohayi dhipagelwa ko, oshoka oshidhila.

167.   Ongombe ndjoka tayi kungu oshihoho moshigunda, ohayi dhipagwa, nenge wo yi gandjwe po.

168.   Ongombe ombulutse ngele tayi tselwa, ohayi tulwa oshiti momutse; iipa yayo opo tayi vulu okuzalwa (yeleka wo nonomola 162).

169.   Ongombe ngele otayi fundu mombundu, oshidhila oshinene.

170.   Ongombe yomulilo/yondhilika ihayi dhengwa.

171.   Ontsezi ngele ya tsu ooniga mombundu, mwene gwegumbo ota si.

172.   Oongombe kadhi na okulya mumwe noontana dhadho, okuninga mwene a sa.

173.   Oongombe ngele hadhi lala moshigunda dhu ukitha omitse keelo, oshidhila.

174.   Oshaale oshilumentu ihashi yotwa momagumbo agehe, omulumentu ota si uulumentu; nomala gomukiintu gwe taga kala haga gu mo.

175.   Oshigandhi ihashi tungwa, manga ekango lyondhilu inaali galuka.

176.   Oshikombo ihashi yakwa, oshidhila.

177.   Oshikombo ngele sha dhipagwa megumbo, omasipa gasho ihaga ekelwahi, oge na okufikwa po.

178.   Oshikombo sha valwa mumvo ngoka, ngele sha dhipagwa, monyama yasho ihamu tulwa magadhi (yeleka wo nonomola 156).

179.   Oshimbamba ihashi umbwa uusiku, oshoka omambungu gombalu otage ya

(yeleka wo nonomola 63).

180.   Oshitenga shomalovu sha thikikwa, kungoka inaa ulula uutoni, uuna te shi
        thikula, e na okuhungula ko tango opo e shi nwe po nawa.

181.   Uuhoho ngele wu na okututwa megumbo, omusamane oha gongele aanegumbo
        lye ayehe ya penduke megumbo. Wo uusiku mboka e na okupanga oshidhila
        nomukulukadhi gwambanda (yeleka wo nonomola 146).

182.   Uutati kawu na okweendjidhwa monkandja kukehe, kakele ngoka a kwatelwa,
        ngele miita, nenge mombala.

Koneka: Omaindiko ngaka okwa li ga tulilwa po onkalathano yaantu, momagumbo,
momikunda, moshilongo nosho tuu uulinawa wopokati kiilongo niilongo yAawambo.
Shika osha li sha kwatha aantu ayehe ya wape okwiikwatanawa nokuutha okukala
kwawo akuhe kelandulathano lyoshilongo, nosha kala epopilo lyombili yoshigwana
ashihe koonono.

Oshiholelwa

Ngele oku na omuntu a li omusimba, ndele e ti ihoyo epunda, ezimo lye oli na
okupulwa iikolo yonkwele. Omazimo sho ga li haga tila ofuto yonkwele noonkondo,
aagundjukakadhona, aadhike nosho tuu wo aakiintu yalwe, oya li haya takelwa omunwe,
opo yaahe shi yelekele. Onkene kakwa li naanaa oyendji ya yelekele okulonga iihuna
yokwiihoya omapunda, opo yaaha etele ezimo lyawo li pulwe ofuto ondhigu yonkwele,
lyo li futithwe nomolunyala.

Oshinima shoka otashi ulike euvoko lyomuule okuza nale kutya,epunda li li molutu,
olyo okahanona. Omuntu gwepipi kehe, oye ogwoshigwana, onkene omwenyo gwe
ogwa gamenwa nogu na ondilo.Ofuto yomwenyo, kutya ogwomuntu e thike peni, kayi
ninwe ndjele yofuto.

8
Omayana nomahala
gomisindilo/giidhila

Monakuziwa, okwa kala omayana nomahala gontumba moshilongo, ngoka ga dhilikwa noga kala ga simanekwa. Omayana ga tya ngawo oge na omazimo, ngoka ge ga uthilwa. Omazimo ngoka ogo haga dhiginine nokutonatela aathithi yomayana ngoka.

Gamwe ishewe ohaga tilitha noihaga lalwa nandenande, unene tuu ngoka ga teyelwa oshipwe nohaku tiwa: Aniwa ngoka te li lala, oha si mo mbala. Opo epya lyoludhi ndwono li longithwe, nakulihala ohe li londele, opo a kale haka longa mo ta zi pondje yalyo.

MOndonga

Omayana guukwatya mboka taga dhimbulukiwa natango, ngaashi :

Antala: (kUuzilo wOntananga) Olyo eyana lyu uthilwa ezimo lyAakwanangombe noyana. Oli li mOmapale gOnethika. Omigongo dhomulyo, ngele dha kolwa, omagongo ihaga falwa kuuwa. Aakalimepya ndyoka hene ya za, ihaya ka longa shimpungu mepya lyuuwa.

Omadhilu: (kUuzilo wOntananga) ndika eyana lyAakwananime noyana, li li koontuni dhomulonga Omadhilu. Omwa kala oshipeke ihaashi tyaywa, ngele omuntu e shi ningi, iikuni mbyoka ohe yi shunithwa ko moompadhi oontalala. Olya kala nomigongo, ihe omagongo ngoka ihaga falwa kuuwa.

Aniwa omwa kala uumanya hawu ende, wo ohawu popi. Ngele wa kala mo, oto uvu mevi tamu popi, nenge omawi gaantu taa yolo, taa imbi noongombe tadhi lili, tadhi tangwa, sha fa tadhi gwanekwa.

Ohwelo (kUuzilo wOntananga) nalyo wo eyana ekulu, li li mOmapale gaNakandangwa. Ohali tangwa takuti: *"Ohwelo yaAngombe yaNamandje, yomalya ga fa kuhumbata, wu fale kuho nanyoko."*

Eyana ndika mulyo omwa kanena oshini aniwa, onkene ihamu dhikwa gumbo, ohali londelwa owala. Mulyo aniwa namo omwa kala uumanya wu na ishewe ekwatathano nuukwawo wokOmadhilu. Uunkunkulumanya hawu galangata wa landulathana momukweyo omule, wu uka kuukwawo kOmadhilu.

Muuyuni wonale, aniwa owa li hawu tsakanekwa uusiku, wa yeta uulilo. Nongele omweendi a thiki puwo, ohawu thikama, manga omuntu ta tokola po, konima tawu tsikile olweendo.

Oshapapa: (pegongalo Omulonga) olyo eyana lyezimo lyAakwambahu, li li popepi negongalo Omulonga. POshapapa opo pwa thikilwa kaantu, sho ye ya okutula moshitunda shika Owambo. Ohaku hokololwa kutya, omihoko dhilwe dhAawambo opo tuu dha ziilila mpoka, sho dha ka ndhindhila nokuhokela omitunda dhuutulilo kulwe mOwambo.

Mpoka opo pwa li Ombala yOmukwaniilwa Nembungu lyaAmutundu. Omukwaniilwa nguka oye a dhimbulukwa okugongela iikulunima yOshindonga noku yi dhikila oompungulo, opo kaayi halakane. Oompungulo ndhoka ndongo omethimbo lyaNamibia lya manguluka, opo dha kala. Odha lukwa edhina *Iinenge*. Iinenge ohayi tulilwa po aatonateli, unene tuu yezimo Ekwambahu, oshoka aniwa olyo li shi iikala yeyana.

Meyana ndyoka namo wo ohamu hokololwa *"uunkunkulumanya"* hawu ende. Aniwa ngele omuntu te li taakana, ohashi vulika u uve aantu taya ti: *"To file onona yuunona wetu omavi,"* nenge u uve taya isimpi.

Ihamu taakanwa nondjupa yomalovu komutse, okuninga tayi tulwa manga pevi, omuhumbati e ta hungula ko, ye ta tumbula: *"Aatekulu yoye tatu piti po, tu uka kaalelwa yoye ...."*

Aniwa ohashi mu pe olweedhe a taaguluke nondjupa inaayi kuthwa ko komutse, nenge yi gwe ko noyi tatuke, ye a tsikile noshipakolwa showala.

Oshiye shaMunkundi: Oshi li pooha dhegongalo Omulonga. Kolukadhi lwoongulu dhegongalo Omulonga, oku na ehenene lya kala shito lya simanekwa kaakuluyonale. Elundu ndyoka olya li lya yapulilwa uudhano wopashigwana, onkene moongulohi, opo pwa kala hapa lundilwa uudhano womambwambwala nuukwawo.

Aayendanandjila ya li haya zi, nenge haya ukile kOshitambi, ihaya pitikwa okutaakana mo. Konale melundu moka omwa ka mena okaye, nkoka ka lukwa *Oshiye shaMunkundi*. Opwa li pwa kala omusamane gwonganga edhina lye Munkundi. Namunganga Munkundi noonganga dhe, okwa li he ya mokaye nkoka, oshoka omo mwa li moshipangelo shawo shokuyogela aantu omavu gi ili nogi ili, ngaashi: *oshizinda, epaha, omukona nombanda. Okwa li wo aniwa ha kungitha oshaatu,* mumboka ya gwedhakanitha aalumentu.

Oshiye shaMunkundi ogwa li wo endhindhiliko kutya uuna pwa konekwa gwi ima nawa, omumvo ndoka otaku kala eloolo lyiilya, yaaha shaathane.

Aasamane yonale pomudhingoloko ngoka oya li haya hingi oongombe dhawo dhi ka nape kehenene lyOshiye shaMunkundi, oshoka olya li hali kala nomwiidhi hagu palutha nawa oompunya noonyali. Aniwa odha li hadhi zi po dha mbanyeka, e tadhi ki iudhila omatenga, pokugwanekwa.

Oniihandi: Omukunda Oniihandi, mOniipa, olyo eyana enene pandjokonona, oshoka muuyuni wonale olyo lya kala omutumba gwaakuluntu yOshilongo shOndonga.

MOniihandi omo mwa li mwa tula elenga enene Uukule waAmulungu, ondjumbeta nondjayi yiita yomukwaniilwa Nehale lyaAmpingana yaShimbu. Omusamane Uukule waMulungu, okwa li gumwe gwaakwiita oofule dhaNehale lyaMpingana, mboka ya ka homonene Aandowishi kuAmutuni lyOmanenge momumvo 1904.

Oshitenya shOndonga, Kadhikwa kaAmoomo he yaawa, Nashikwele naMartin gaKadhikwa, naye okwa li a tungila mOniihandi. Omwanamati, Martin gaKadhikwa ngoka ombala ye ya li mOndjumba (Ontananga) oye gumwe gwomaakwaniilwa mboka ya lela Ondonga ethimbo ele, 1912 – 1942.

Popepi neyana ndyoka ohapa ulikwa *Okadhiyakiinguma,* oshoka Kadhikwa kaAmoomo okwa li a simana, omutonateli gwomiya, iinonoma niinamakata yoshilongo, Ondonga. Pethimbo taku nyolwa, Oniihandi oya adhika ya topolwa omapya ge li lwopugatano nota ga thanekelwa meni lyuukwashilando Oniipa.

Onamatende: Kolundume lwomukunda Ondando, mOniipa, kondungu yagwo, okwa kala omukwiyu, haku tiwa *Ekwiyu lyaNamatende.* Omuti ngoka omukulukulu, gwopandjokonona, ogwa mena pedhiya, lya li koongenge dhoshitopolwakuti.

Ohaku popiwa pwa li okuti, nomokuti moka omwa li iiyamakuti oyindji; mwa kwatelwa noondjamba (kahenge) ndjambamupaulashihwa. Ondjila ya za kOndjumba, ya pitila pOkaloko, yu uka kolundume lwOndonga, opekwiyu ndyoka ya tokola, onkene aayendanandjila oyendji oya li haya fudha po mOnamatende nokwiipalutha niiyimati yagwo.

Pauyele womusamane Petrus Nalupe, omvalele yaampono namwene gwomukunda, okwa hokolola nokudhimbulukwa omukulukadhi gwedhina Kafo kaMukalenga gwokOmbomboli. Aniwa esiku limwe, a li ta zi kOnandjokwe. Sho e ya momukwiyu, okwa adhele gwi ima, gwo gwa dhiyika nawa. Molwondjala, okwa londo a ka toonone oondhiye pombanda.

Mupyamunene, manga a li ta laalele oonkwiyu kokatayi, okwa panuka ko nako, e ti ihata komidhi dhomukwiyu, iipani ye mu kutha po.

Okwa tsikile ta popi omukwaniilwa Martin gaKadhikwa kwa li ha tumu aakongo yoondjamba kokuti hoka Mbulumbulu. Aakongo uuna ya dhipaga ondjamba, oya li haya gondjo momukwiyu ngoka nokuhonga nawa omatende goondjamba, ga ka longithwe muuwa ngiikwatelwa.

Oondjamba nadho odha li hadhi ya okunwa medhiya moka mwa mena omukwiyu. Komakondo goondjamba haga hongelwa mo noshinkoti shadho pevi, okwo ihe kwa ka za edhina li lukwe: *"Omukwiyugwomatende goondjamba."*

Ngoka konena haku ti owala: *"Ekwiyulyanamatende, nenge Onamatende."*

Kakele kepola ndyo lya tokola po, konale opwe ke endithwa omuligumeya, gwa fala omeya kombinga yOshigambo. Okuza 1990, *Ekwiyu lyaNamatende* olya ninga omugondjati gwaanongekwa *yaMandjolo.* Omumvo 1999 pooha dhekwiyu, opwa dhikwa oshikunino shoohembumbangele, sho taya hambulwa nokulongekidhilwa okukahita enongelo lyawo puMandjolo, nenge tuu komanongelo galwe gopomudhiingoloko.

Mbulumbulu: Omavi manga ga li omayamba nembugalo po inaali ya, Mbulumbulu okwa li ongoko yokuti okunene kwa li po. Ekongongo lyakwo lya li lya kwatela mo uuheke ngaashi; kaNamulunga, kaPale, kaKambonde, kaNampungu, kaMushilomba, kaNalulago, kaKahani, kaNtanga, kaMapumba, kaZizi, kaShikandanga, sigo Omwandigwontala.Okuuka muuzilo taku kwata omathitu agehe gaNalusheshete nokufaalela, ndongo oKavango.

Iiyamakuti ngaashi *oondjamba, oohumba, oongalagombe, oosino, ooholongo, oompugulu, oompelele noonyati,* oyo ya li iimuna yamo. Iikwamakaha *yoongwe, omatotongwe, oonime, omambungu, oombidhi, oompengu* niinamakaha yilwe wo, oyo ya li oombwa dhamo.

Ndhiya *oomenye, uupundja, oombambi, uulimba noonkwiyu,* okwa li hawu weywa mukwo, manga *oompinda tadhi lugu, yo ookaandje, oolulunga nookahwawu, oombugu,* omo ya li hayi yolele oongandja dhayo.

Iigagalali yo*osizi, oongaka, oohima* n*uupehehe* nayo okwa li hayi hege moka.

Mbiya iikokayi ngaashi *omulekeenematako (komaludhi gawo), ekakala, nyandako, eyengele, thimbithimbi* nayilwe owo tuu uuyuni wayo kwa li mboka.

Oondhila dhomomeya ngaashi: *oonkololo, oosiludhi, oonkuya, oonkwinkwiti, oombalakadhila, oonkumbinkumbi, oonkumbwandhila, oonuulewopoonkondo, omandongondongo, omayamakalwa, oonyundu, omandoko, omagoogani, ooneyumbu, oomakelu, oonkololo, osikiya, oosiludhi nuuhanalugo,* odha li hadhi yogo miimpanalonga, momadhiya, nokwoontela koontuni dhomakango gokoongenge dhokuti nkoka.

Iimeno yokuti ngaashi, *omikanga, omitopa, omigolo, omiye nomaasigo,* oyo unene ya li mongoko ndjoka Mbulumbulu. Mokampanakuti hono, aniwa omwa kala olushandja, mpoka inaaku pitikwa omuntu, nenge oshinamwenyo shilwe shi lyate po. Omuntu ta lyata pombole ndjoka pamupya, unene uuna kwa tosima, ohu uvu iikukulo yoompadhi dhe, tayi mu holele sho ta katuka, taku ti: *"Mbulu - mbulu, mbulu - mbulu, mbulu - mbulu."*

Komayagatsi ngono, okwo kwa lukitha ehala ndyoka, sigo onena li ithanwe:*"Mbulumbulu".* Kamu kalele magumbo okuza monale, kakele kagaali ngoka ga ka tungilwa mo konima yomapitathimbo; ngaashi gaasamane; Mateus Nalupe nolyaJason Eelu (Malenge).

Okwa li haku popiwa muMbulumbulu hamu tsakanekwa iiyumbanantumpi; *"uukadhona,"* wa kala mo, hawu monika omawilowilo omathimbo gamwe, kumboka ya li ye hole okweendjaendja.

Aasitangombe naanona yalwe, ngele taya ka litha mokuti nkoka, oya li haya kumagidhwa, opo uuna ya tsakaneke mo omuntu yaahe mu shi, kaaye mu popithe, yo yaahe mu ye ontuku.

Opwa kala okahokololo taka popi Mbulumbulu, ngaashi taka landula: Esiku limwe uumati utatu (3) owa li tawu litha moka. Owa yi momuye. Uyali owa londo komuye, manga kamwe ka li pevi taka toola oombe dhawo.

Ohaluka aniwa oka mono uukadhona une(4) we ka thikamena. Opo tuu mpoka kamwe komuukadhona oka pula okamati, kutya he oku li peni. Okamati oka yamukula kutya he oku li mepya taya gondjoka naasamane ooyakwawo. Okakadhona oka tumu okamati, opo ka ka lombwele he e ya dhipagele ongombe onduudhe yaahe na nande oshaala. Onyama ndjoka omusamane aniwa ne yi tulile uukadhona pumutyakemo.

Okamati sho ka tindi, okakadhona kamwe oka geye. Okiipampadhala pokwaako noka shituka onkoshi yomifufu odhindjidhindji dho omileelee nodha shindalala. Mehaluko enene, uumatyona awuhe owe shi ti po. Moku ke shi lombwela omusamane, meyamukulo lye, okwa lombwele owala uumati ta ti:

" Inamu tila, shuneni kiimuna yeni."

Oongulohi dhimwe aniwa opwa li hapu monika uulilo tawu gena nokuuva omawi gaantu taa imbi, yo taa tutula uudhano. Komapulo gaanona kutya, oshike ano tashi ningi ngawo? Aakuluntu oya kala haya yamukula owala taa ti:

"Mboka oyo aamati yuuwa taye shi iningile."

Mbulumbulu aniwa oshiheke sha li po, shi na omutalelo, nando panena ehala olya hula po, lya kweka nolya kanitha uukwatya, lya tseyikila noli igililwa moshito. Omumvo nongola, ngiika omapipi tage ya, nage ke shi nzanda mo noku shi pendula po, shi opalele uukambakani nuulikolelo woshigwana.

Omwandigwaalumentu: Muuzilo wegongalo lyaNiipa, omwa li omwandi omunene gwa mena pokati koondombe mbali; *Onegongo nOnalunanga*. Pauyelele wa gandjwa komukulupe Tatekulu Gwaashana Malakia Amuthenu, oondombe ndhoka odha li hadhi kala nomeya ethimbo ele lyomumvo, oshoka odha kala poontondokelo dhoshimpanalonga. Edhina ekwawo lyehala *"Omatimakukutu"* nolya li mokati kwokuti. Omwandi ngoka omwa li hamu longelwa iilonga iinene yokufukika aalumentu, pamuthigululwakalo, ano okupitithwa etanda.

Aalumentu ye na okufukikwa ohaya piti moontundumene, ya ka tsakanene nomuwiliki. Omulumentu kehe oha shatwa kondungu yuulumentu. Mosha ohamu gundwa ongundo yuusila wiigwanga. Miingulohi aalumentu ohaya falwa kehala eyapuki, ndyoka hali kala ngele momuti, epya, nenge esilukuti lyontumba.

Aniwa hono okwo nduno haya ka shatelwa ishewe; *moshipala, kelaka, moombwetelo nomenyo*, nokutetwa *oshipa shokondungu yuulumentu*. Eitaalo olyo kutya, ngoka a pita etanda okwa kindjikwa nota ka sindana mukehe tashi ke mu tsakaneka monkalamwenyo ye. Omuti ngoka nogwa lukwa *"Omwandigwaalumentu"*, sha zila koshilonga shoka kwa li hashi longelwa mugwo.

Onampadhi: Molundume lwegongalo lyaNiipa, oshinano shi li meni lyookilometa 10, otamu adhika eyana li na ehokololo ekumithi, lyo li hokitha. Pauyelele wa gandjwa komunongeki, Tatekulu Mbangula Sakeus Ipinge, omvalele yaampono, edhina lyeyana olyo *"Onampadhi."* Mbangula ota hokolola Onampadhi ya totwa po komusamane Amwele gwIilonga, omulumentu gwOmukwanyati /Omutundu. Epya lyotango lyomukunda nguka olya li lya kwatela kumwe omapya gaali: lyaDavid Nangolo Fuma nolyaImvumvu yaKonisa Imene.

Mepya lyomusamane Amuele omwa li mu na omuthima gu na etemba lyokuhugila iimuna. Etemba ndyoka olya ka gwila nduno momuthima. Shono osha li oshipwe momayuni gaakuluntu, onkene omuthima ngwiyaka ogwa filwa po thilu, ye namwene gwomukunda okwa tembuka mo wo, e ta ka lala epya lilwe. Epya ndyoka epe mulyo okuza mpoka mwa kala omo hamu langekwa ooyene yomukunda gwOnampadhi.

Konima yaAmwele, mepya lyomukunda omwa langekwa aalelimukunda yomadhina taga landula: Nangolo dhaAmunuka, Kalompo kaAntsino, Elago lyaNdalungama, Nambuli dhaAmateta, Kalompo kaAntsino natango, Paulus Kalompo kaKuutondokwa nolwahugunina omwe ke ya omusamane Johannes Mushashi gwiIyambo.

Okuza mpoka eyana lyotangotango lyomukunda lya topolwa pokati nomwa langekwa omagumbo ngaashi lyaEfraim Lwaanda nolyaandjaMaria Namutuya gwaApele.

Omainyengo giita pokati komihoko nomihoko, ngaashi Aakwambi, Aangandjera nAawale, oge etithile omatawu omanene. Kalompo kaAntsino, pamwe nooyakwawo, okwa tawuka kUukwambi, e ta yi kUukwanyama, nkoka a ka kokola Oshikango. Konima okwa thigi apo Uukwanyama, e ta tembukile mOndonga.

Omusamane Kalompo okwa li omuyamba gwiimona nogwoongombe, onkene nzinziya sho e ya mOndonga, omukwaniilwa Kambonde kaMpingana, ngu a adhikile ta lele oshilongo Ondonga (1884 – 1909), okwe mu lenge, e te mu langeke momukunda Onampadhi.

Elangeko lyaKalompo kaAntsino mOnampadhi, olya lemene Aakwambi oshitayi, onkene oya mbombolokele mOndonga, ya landula Omukwambikwanyama omukwawo, Kalompo Antsino. Okuza mpoka omukunda gwa nika oompadhi dhAakwambi, onkene gwa lukwa *"Onampadhi yAakwambi."*

Omusamane Shigwedha shAntsino, omumwahe naKalompo, naye wo osho a ka thiga po Uukwambi, e te ya kOndonga. Okwi ile pamwe nomutekulu Amunyela gwElago, ye nguka oye he yomusamane Shigwedha Sakeus yaAmunyela, ngoka kohugunina a ka lela wo Onampadhi.

Aniwa etembu lyaAmunyela gwElago olya ningilwe onkolonkolo, oshoka okwa li a pogola kuNegumbo lyaKandenge, onkene okwa fadhukithwa po, manga inaa falwa konakupila. Iiyendo niiyendo sho ya kala tayi mbombolokele mOnampadhi okuza kUukwambi, uuwa owa kwatwa kuuhwenge. Opo aantu mboka ya kodhililwe nawa nomukunda gu kale kohi yetonatelo, uuwa waNdjumba owa langeke omusamne Abiatar Akweenda, *munongeli gwondjembo,* opo a kale ihoontali yOnampadhi. Oshilonga she osha li okutala aantu yamo kaaya ninge ondiinkwatela, iihelele niihayotwa momukunda, mOndonga.

Omusamane Kalompo sho a tembuka kUukwanyama, okwa li a thiga ko omutekulu Mengela lyaShikesho shAalweendo lwIiyambo, a valwa kumumwayina Noowa Antsino. Mengela sho a kolokosha nokudhipaga aantu mUukwanyama, shono she mu lukitha *"Nandjembo Mengela",* okwe ya a holame kuyinakulu, Kalompo kaAntsino, mOnampadhi. Mengela okwa pewa a kokole Oneputa, eta tsu po eyana lyomukwaniilwa Paulus Elifas.

Kalompo kaAntsino nomutekulu gwe Mengela, oya li aalumentweelela, haya li oshilongo nokati. Oofuto sho tadhi zi moshilongo, kOndjumba ihadhi thikithwa ko. Shoka oshe mu pogolitha, e ta fadhukile ishewe kUukwanyama.

Sho pwa piti omathimbo, a thimbile kutya, ongeyo yomukwaniilwa ya kodha, ta galukile tuu mOnampadhi natango, oshinima shoka e shi endulula omapa gatatu nokuli. Pethimbo Kalompo a fadhuka po, Onampadhi oya kala hayi lelwa kooElago lyaNdalungama nooNambuli dhaAmateta mbo.

Ethimbo limwe omutekulu, Mengela, naye wo okwa li a kundathanwa, opo a dhipagwe. Okwa li pu uvathanwa a yiwe naye muukongo mokuti, opo aantu ya ka nwine ko omeya. Okwe shi uvile po, e ta henuka ko, komukalo gwokwiiyehamitha noina ya ko we, a hupu.

Omusamane Kalompo kaAntsino osho a ka koka, sigo ta mana oondjenda 1932, e ta pakwa moshigunda shoongombe, megumbo lye mOnampadhi. Konima yeso lye, omutekulu Paulus Kalompo kakUutondokwa, *"Aindji yokOnamutayi"*, omuna gwamumwayina Mwaalwa gwaAntsino, oye a langekwa mwene gwomukunda Onampadhi, a zi kepya lyaJosef Iyambo. Onampadhi okwe yi lele okuza 1932 – 1946. Okwa li e na egumbo enene, li na aakulukadhi ye oyendji nolyuuteku kwaanawe.

Aasamane yomomukunda oya li hayi inyanyudha nokwiikutha uuza nuuholo woonkete, mboka kwa li hawu yengelwa momuye "Shondungu", pooha dhegumbo lyaandjaShoolongo shaAngala, popepi nomawendo gaNandambo. Owa li hawu pitilwa nomahampo ogendji, omulongo nagaali. Omanyakwa guuholo ga tseyika oga li Amutoko gwaNashiwaya, yo nahekulu Kalompo kaKuutondokwa. Ngele omuntu a li oongombe momahampo gaasamane mboka, okwa fa owala ngoka a lya oongombe dhomakondo, iifufu nodhooniga moshigunda.

Aanampadhi oya li haya nyanyukwa aluhe momukunda gwawo. Mboka ya halele pethimbo limwe gu topolwe inaya pita, oshoka momithima dhaNampadhi omwa mena omukuku, onkene Onampadhi ya kala omukunda gumwe, sigo osigo. Miinene niisimaninima yomOnampadhi, shimwe shayo edhiginino lyiilonga yomapya. Aantu ayehe ohaya longo nuudhiginini, opo ya kondjithe ondjala, onkene gwa lukwa, *"Epalu."*

Aanampadhi oya kala wo haya hupu omithima *"Etaneno,"* moka ya kala haya nu mo yo yene nokuhugila mowo iimuna yawo.

Omusamane Kalompo kaKuutondokwa naye osho a ka pogola, a ningi shoka sha dhilikwa moshilongo shomukwaniilwa. Okwa li a tungilwa oompangela dhoku mu kanitha ko pamwe naayehe mboka ya li ye na mo sha mepogolo ndyoka. Esiku limwe omusamane Pala yaNgwedha, gumwe gwomookuume ke, okwa kayile okakambe, e ta kwatele kumwe omilema, e te mu londodha ta ti: *"Ino lala, ino kotha, lala to ende, oshoka oshinima sho mwa ninga oshu uvika."*

Uudhigu wa holoka momukunda, lyo nekuyunguto lye ya mo. Kehe omuntu okwa li ta holeke shoka she, opo kaashi kwatelwe mumwe koshidhengo shekumbu lyuuwa.

Ongula sho kwa sha, egumbo lyomukunda otali tuka omakola, oshoka Kalompo kaKuutondokwa okwe dhi lumba mooyina, e taye dhi umbu komeho pamwe naamati ye yomadhina taga landula: Shoolongo Angala, Lasarus Ipunduka yaValombola *(Mukukutu a f' emanya),* David Iita nayalwe. Ongula sho kwa ka sha, Kalompo kaKuutondokwa naamati ye otaya fudha mIikango yokOngwediva.

Etemba lye Kalompo okwe li thiga po, ye omukwaniilwa sho e li kundana ta ti:

"Kali sindolola mo moshilongo shandje mu, shila ote li tumbu po."

Etemba ndyoka olye ke ya li kulilwe ko nongombe kumumwayina Mengela yaAlweendo lwiIyambo. Shika oshiningwanima shomomumvo 1946, Kalompo kaKuutondokwa noinaha lyata mo we mOnampadhi, sigo ehulilo lyoondjenda dhe meti 10 Maalitsa 1984.

Omulanduli gwaKalompo kaKuutondokwa melelo lyOnampadhi, oye omusamane Johannes Iyambo yaNdumbu, ha tiwa: *"omumati nongolo,"* omulumentu gwOmukuusinda kezimo. Elelo lye inali kala edhigu komapepe gaalelwa. Iiholiketya ye yimwe oya li: *"Hasho tuu shono, iyaa."* Onampadhi okwe yi lele omimvo 42; ano okuza 1946 sigo eti 17 Kotoba 1988, sho a hulu po.

Omunongeki Shigwedha Sakeus Amunyela oye a landula Johannes Iiyambo yaNdumbu sho a langekwa mwenegwomukunda mOnampadhi mo1988. Elelo lye olya kala lyi ikwatelela kedhiminathanopo, epaathanombili pokati kaatamanani. Omageeloputudho ge pafuto oga fupipikwa.

Elelo lyomusamane Shigwedha Sakeus Amunyela, olya kala tali pangelwa kombepo yuukriste nomolwasho omitumba dhelelo lyomukunda ihadhi tamekwa inaapa galikwanwa nokwiimba eimbilo mEhangano 314. Onampadhi okwe yi lele okuza 1988 sigo eti 18 Febuluali 2011, sho a zimbulwa muuyuni mbu.

Ohaku hokololwa ishewe mOnampadhi mwa kala eyana mundyono mwa mena omuti gwomuhama. Momuhama ngoka omwa li emanya haku hokololwa kutya, enene, nando hamolumbumbu, onkene ihali dhanenwa. Aaziilongo oyendj, ngaashi oombulu pethimbo lyiita, oya kala haya kambadhala oku li kutha po, ya ye nalyo. Ayehe oyi ikonda ko ashike, oshoka emanya ohali igalukile owala momuhama ngoka kulyo lyene.

Epya moka mwa li emanya ndyoka, omathimbo gopokati olya kala lya tseyika haku tiwa, "Epya lyaLeevi yaLwaanda." Eyana ndyoka olyo wo natango limwe lyomomayana omanene gomoshilongo, ngoka ga kala haga lalwa owala, ngele kaatekulu yomukuluntu e li lalekelwa, nenge koyana.

Methimbo lya tetekela emanguluko lyoshilongo, oshipala shOnampadhi sha tameke okuulika uukwatya wehumokomeho, tashi monikila komatungilo gomalandithilo. Konima yemanguluko omwa tondoka okatayimuligumeya, lwo nolusheno inalu gu enda ponto.

Omakulupola omanene, limwe lya za kuuzilo wagwo lya thinda uuninginino, nekwawo lya ziilila kolundume lyu uka kolukadhi, omOnampadhi ga tetathanena.

Pomatetathano goonkulundjila ndhoka, opo pwa tungilwa Osikola yedhina Onampadhi, yi na oondondo okuza 1 – 7, lyo nEtamekonongeko lyoohembundangele *(Pre-Primary School)* olya tsima ko.

Omapola ngoka gaali ga tondoka mo, ohaga udhikilwa okututilwa nokumbambangwa opo nago wo ga tulwe pomuthika gwoondjila dhopashigwana, omakwatathano gaantu ga kale gomuthenu. Ope liwe metifa okumonena Ondjakulwambinga yegongalo lyaNiipa, ehala mOnampadhi.

Ombala yaMumbwenge: Momayuni gonale, omvula oya li hayi loko nawa. Omeya gomilonga nomasilukuti agehe moshilongo oga li haga kwatathana okuza koKavango okupitila molukadhi lwaAngola, e taga mbandukile molundume lwaNamibia, moshitopolwa shUukwanyama, mOwambo.

Edhingoloko ndyoka lyomeya ogendji, olyo nduno lya tunga po esilu haku tiwa, Omulonga, ngoka gwa topola Oshitambi nOnamayongo. Omulonga ngoka ogwa pitila momikunda odhindji okuza molundume lwaNamibia.

Omikunda ndhoka dhu ulikwa koshito ongaashi: *Edundja, Oumbada, Onamahoka, Onamukulo, Ombalamumbwenge, Onahima, Oshigamb, Onguma, Oshigombo, Ontulumba, Omatelo, Kaanda/Onathinge, Ontsime, Iipopo, Epumbu* nokutaakana gwa thinda ho, gwa ka nwetha iiyamakuti.

Pomahala gamwe ogwa lukwa ishewe omadhina ga yooloka komakwawo ngaashi: *Okaonya, Ohainete, Oneumba, Iikuku, Okaye, Oniinkende, Onandjako, Onyuwe, Hunga, Iitapo, Onampungu, Onamanyoka, Omutsegwondjamba, Omadhilu, Iipanda, Mvulayoonzi, Nuupaya, Engombe, Engandu, Omutomboli, Uukuma, Ekuma, Nanota, Namboloka nIidhiyantsakala.*

Ootha ndhoka kumwe nomasilu gadho, odho edhingoloko lya tunga po omulonga pokati kOshitambi nOnamayongo, nguka gwa kala shito hagu taambathana nokweenditha omeya, e tagu tilehile mEtotha lyaNuumbwambwa.

Muuyuni womukwaniilwa gwOndonga, Nembulungo lyaNgwedha (1650 – 1690) koKavango (kOmbwenge) okwa zile osheendo oshinene, sha kwatelwa komeho komuwa gwedhina Shindongo shaNamutenya gwaNguti. Shindongo shaNamutenya gwaNguti okwa li omulumentu omule ha popi ta logodhoka. Aandonga oye mu pe oshilukadhina "Mumbwenge guule waNakateta" nenge "Mumbwenge guule waa na kwa tetwa". Edhina olya kala ngaa Mumbwenge guule waNakateta. Ye mwene oye Shindongo; Mumbwenge oshilukadhina (Namuhuja, 1996).

Shindongo shaNamutenya (Mumbwenge) koKavango okwa za ko ta yi aawa aakwawo ontuku, sho ya li taya kondjele iipundi mOkavango. MOndonga okwe ya te ende kombanda yomeya nokawato ta kwatele kumwe omasilukuti sigo ya mbanduka pOshigambo, mOndonga. Elelo lyAandonga olya li lya gandja kuMumbwenge ehala lyokukala pomudhingoloko gwOshigambo, e ta tungile po egumbo lye.

Konima okafuma ka ka tanena ombiga. Mumbwenge a kondjitha omukwaniilwa Nembulungo lyaNgwedha gwezimo lyAakuusinda ngono a li ta lele Ondonga ethimbo mpoka. Nembulungo e ta agudhuka manga oshilongo naantu ye mombuga kolukadhi lwoshilongo, ye ki iyunganeke nawa.

Aambwenge sho ya teya po oonkondo dhelelo lyaNembulungo, oya langeke Shindongo shaNamutenya (Mumbwenge) a ninge omukwaniilwa gwOndonga nuuwa we owa li pomudhingoloko gwOshigambo (1690 – 1700). Mpono opo pwa za edhina lyomukunda *Ombalamumbwenge*, kokutya (*Uuwa waMumbwenge),* lya kuthwa kedhina lyomukwaniilwa Mumbwenge.

Esiku limwe omukwaniilwa Mumbwenge naantu ye manga ya li taya ti tentele - tentele, kuyungukuyungu kombanda yomeya gomulonga Kaanda/Onathinge, nokawato kawo, omukwaniilwa Nembulungo lyaNgwedha naamati ye, okwe mu lompokele nokwe mu kondjitha noonkondo, e te mu sindi.

Molugodhi mono, Mumbwenge okwa li e ehamekelwa mo nayi, e ta nukile mokawato pamwe naamati ye, e ta fadhuka po. Okwa falwa kuuwa we kOmbalambwenge, nkoka a ka sila. Oko a pakwa nkoka nombila ye natango oko hayi monika.

Hela tuu uuyuni mboka, oshilongo shAandonga sha shuna ishewe momake gAakwanekamba, mboka nkene ya za oyo aapangeli yasho.

Shoka Ombalamumbwenge olya kala eyana enene, nomoluukwatya walyo, aantu yako ihaya ka longa shimpungu kuuwa nongaashi ihaya fala ko oompale, nenge wo iingeno.

Ontumbilili: Sigo opethimbo lyelelo lyomukwaniilwa Kambonde kaMpingana (1884 – 1909, Aandonga nAakwanyama oya kala haya hingilathana iidhengomakumbu.

Esiku limwe iita yAakwanyama sho ya matukile Ondonga, opwa li omaumbathano goondjembo odhindji, ngoka inaaga uvika shito. Iita mbyoka oyo tango ya kondjwa noondjembo odhindji tadhi vululula, onkene ya lukwa: *"Iita yevululula."*

Omukwaniilwa Kambonde kaMpingana sho a li e hole ombili, okwa kongo ompito ya pange uukuume nomukwaniilwa Weyulu yaHedimbi. Opwa ningwa ompangela neuvathano lyokutsakanena pOndombe yaMpumba. Ehala li li pokati kiilongo mbika Ondonga nUukwanyama. Pokuma mpoka oya tula po endhindhiliko lyeuvathano li iwetikile kwaayehe.

Ondumba yevi oya ndumbilwa popepi nondombe yopokati noya lukwa *Ontumbilili*. Pehala ndiyaka oya dhipagele po ongombe onzinzi yi kale onkombambinzi. Ompumba yayo oya fumvikwa mpoka yi kale *oshilyateko;* euvathano lya kolekwa ngawo, kokutya:

Aandonga ngele nani otaya matukile Aakwanyama, e taya lyata koshilyateko shono, kiita hoka kaya galuka ko we. Aakwanyama ngele oyo ye shi ningi, e taya taaguluka ompùmba ndjono, nayo otaa ka pwa po thilu, kiita hoka kaya galuka ko we.

Ngawo opwa dhikwa *oshidhilambili* shopokati kiilongo, ombili oya holoka noya kala nokukwatelwa po keuvathano ndyo.

MUukwanyama

MUukwanyama namo omwa kala omahala giidhila ga simananekwa. Aadhiginini yomahala ngoka ohaya tungile popepi nago, opo ye ga kodhilile nawa.

ʼAantu mboka olwindji oyo oonganga oonene, mboka momagumbo gawo mwa kala oongombe oonduudhe thokothoko, dho odha dhilikwa, onkene hadhi tiwa *"oondhilika."*

Moondhilika omo mwa li hamu tselwa yimwe molwoshituthi shokumbilipaleka aathithi, opo ya gandje elago lyomvula, nenge esindano lyoontondoki dhiita.

Omugulugwanaakwanyama: Okuti huka Omugulugwaanakwanyama okwa tendelwa handiyaka yOnhaululi. Oshiheke shoka kakwa li hashi tokolwa kukehe, nenge mu napwe koongombe dhilwe dhaahe shi oondhilikangombe. Omugulu nguka nagwo okwa li gwa hupitha aafadhukipo oyendji.

Omomugulu tuu moka kwa li mwa kala emanya lyoshilongo shUukwanyama, manga inaali piyaganekwa kaazayizayi noku gandjwa kaatumwa. Omwa li ishewe eziko lyomulilo hagu temwa kehe esiku.

Oshinenenima shoka sha kala sha simana noshi na okutseyika kukehe, osho kutya, aanenentu inaa pitika omugulu nguka gu tokolwe kukehe. Aakongo inaya pitikwa okukonga momugulu nguka. Osho tuu wo kapwa li oongombe dhilwe dha pitikwa okunapa mo, onkene ekondo lyoshimuna, nenge ompadhi yomuntu, oya kala ya shela mo.

Okaulukatana: Mwene gwehala ndika nomudhiginini gwalyo, okwa li omusamane gwomukuluntu edhina lye, Mbishi yaHamutenya. Mbishi yaHamutenya oye omumwayina wohamba Weyulu yaHedimbi. MOkaulukatana omwa kala hamu dhipagelwa aapogoli oyendji, unene tuu mboka haku tiwa *"aalodhi."*

Onakupila: Ndika olya li oshala sholukwe pethimbo lyelelo lyOhamba Mandume yaNdemufayo. Pethimbo lye, shampa omuntu a lombwelwa kutya ota falwa kOnakupila, nena oku na okutopola uuthiga nokwiihupula, oshoka otaka nenithwa ko.

MOmbalantu

Kuuninginino wOwambo, mekwatathano niimenkula, aantu oya li haya simaneke unene Ombalantu, komeho giilongo iikwawo.

Ombalantu oya kala yi na aamenkuli aanene (aayambi), ngaashi omukulukadhi Hiilwamo yaShondili, namunganga a li a simanekwa noonkondo.

Ohango yokOmbalantu oya li ya simanekwa, onkene aakadhona yokiilongo iikwawo yomOwambo, Uukwambi, Ongandjera, Uukwaluudhi, nayo oya kala haya falwa kohango yokOmbalantu, opo ya ka fukikwe.

MUukolonkadhi

Oshitopolwa shUukolonkadhi nasho wo osha li sha kala nomahala gasho giidhila nogokufukikila aakadhona. Pauyelele womvalele dhamo; Ruusa Moses Kandume naLinda Paulus Shikongo, Namunganga (omuwiliki gwoohango), ta dhimbulukiwa hoka okwa li omusamane *Shiwana*. Omahala ga dhana onkandangala mokufukikila aakadhona oga li:

- *Eunda:* pehala hali tiwa Okandjulu nomuwiliki gwapo, namungangagona, okwa li omukulukadhi Naambo yaMundambi.

- *Olusati:* omuwiliki gwapo, kokutya namungangagona, omukulukadhi Niinkuma.

- *Oshihau*: opwa li omuwiliki Katelu Ndulu yaNandiinotya.

Aawiliki ayehe mbaka yokomahala oya li aakalelipo yomusamane Shiwana, namunganga mwene gwoshila. Ashihe shoka kwa li hashi ningilwa omufukikwa mulimwe lyomahala ngeya gatatu, osho wo tuu shi na okuningilwa mbeyaka ye li momahala omakwawo gaali.

Aakadhona mboka ye na okuya mohango, ooyina oya li haye ke ya lombola komusamane Shiwana. Uuna omukulukadhi ta ka lombola ohango yomwana, oha yi a zala onguyo yonzi, yoshikombo, nenge yokatana.

Onguyo tuu ndjoka oyo hayi ka enda yi isiikilwa komapepe gomwanakadhona, pethimbo lyohango.

Omufukikwa aluhe ngele te ende oku na okukala a kwatelwa komeho kokafukwena kokanonakadhona, nokweenda ta lyata moshinkoti shokafukwena ke mu kwatela komeho.

Okwa li mwa kala omukalo gwaafukikwa haya ka dhingoloka egumbo lyanamunganga, Shiwana uusiku awuhe. Ongula ngele lya shi, ohe ya tidha po.

Omutenya ohaya ka dhana omahelo, uudhano womutenya. Uusiku ngele we ya oya li haya ka dhingolokithwa oombila dhoohekulu; ano ya taagulukithwe nokukolekelwa uukuluntu ngawo.

Hashi landula ko aafukikwa ohaya falwa nduno kOshombo *(ondunda)* moka ihaamu ziwa. Aafukikwa aniwa oya li haya monene mo iihuna, yamwe hashi vulika ya sile mo nokuli kondjala, nenge sho a dhengwa nayi kunamunganga, sho a taaguluka omusindilo gumwe gwohango.

Esiku lyokupita mOshombo ohali tetekelwa ketselo lyoongombe; oohe, oohekulu nookahewa, taya tselele aafuko, oshoka oyo oyana, aatekulu naanona yookuume kawo.

Okupita mOshombo ohaya adha ya pakelwa po iipa yomitse dhoongombe, ndhiya ya tselelwa, po pethimbo ndyoka aasamane opo haya hiki omiya dhiipa, aafuko ya tendelwe omapaya gokuzala mombunda.

Aafukikwa yokUukolonkadhi oya li haya langekwa momuti, taya tata iidhingo, mbyoka haya zalekwa momapaya gawo gomombunda.

Pethimbo ndyoka opo haya etelwa iikulya, ngaashi iithima, iikwiila nosho tuu yilwe.

Aafukikwa ohaya shunithwa komagumbo nokukala ko ethimbo lyontumba, sigo taya gwayekwa omutoko, nokuzalekwa iipa komeho nokonima; ngawo oya shituka nduno *iiyanangolo.*

Okupita muuyanangolo, ohaya yi mEfukulo *(okuhulwa iipa)* nokuzalekwa iikoma komitse. Pomuthika ngono, aafukikwa ohaya talwa ya pwa okufukala, ya za oshidhila. Ohaya talwa ya koka, taya vulu okwiiyendela nohaya ethelwa ngaaka okukongwapo nduno kaalumentu.

Omufuko ngele ina yalekwa, mekolo lye ohamu tulwa okanonamati komezimo, nenge tuu kalwe, ka kale ke lile po omulume.

MOngandjera

MOngandjera, popepi negongalo Okahao, opwa kala omadhiya gaali ga simana monakuziwa yoshilongo shoka, ogo: *Mbupupu naShiziya.*

Pauyelele womunongeki Hertha Hango, Mbupupu edhiya enene lyoshilongo Ongandjera. Mulyo omo mwa kala hamu tekwa omeya gokulongitha mombala yomukwaniilwa Amunyela gwaShaningwa, egumbo lya li mepya lyaWilhem Amutenya. Aantu yomoombala, yUushona naShaanika, Shilumbu shIipinge, dha li muuzilo wOshiteyi, omo wo ya kala haa teke moka.

MuMbupupu kamwa li hamu tekwa kaashamba, nando ya li popepi nalyo ngiini. Omwa li hamu tekwa owala kumboka ya nuninwa mo, yo ye na okukala mboka ya zala oongondo.

Aniwa ethimbo taye ya kuteka, oye na okwiilombola kaathithi yaamoka netumbulo ndi:

"Ootatekulu nookuku, otwi ilila oombwa dhomukwaniilwa omeya."

Nongele nani aantu oya teke inaayi ilombola, omeya ngoka ya teka mo ohaga shituka enono. Ngele shoka osha ningwa, omukwaniilwa oha gandja egeelo kungoka a teya oompamba dhuuwa, opo a falwe kOnakupila.

Aniwa muMbupupu omo tuu moka omwa kala oshitopolwadhiya shimwe, moka hamu tekwa owala omeya gomukwaniilwa mwene nogaanyekadhi ye. Moshitopolwadhiya shoka omo tuu ishewe hamu kuthwa omeya gokutula mehawo (esingulilo) lyoshilongo.

OmuMbupupu tuu moka mwa kala mwa holekwa iidhilika nomu na ehala lyomulilo gwoshilongo Ongandjera. Ongandjera oyo kwa li hayi temene iilongo iikwawo yokuuninginino omulilo gwelago.

Ohaku hokolololwa aniwa esiku ombala yaAmunyela gwaShaningwa ya tomekwa omulilo *kEeshili dhaandjiiyela,* oya lakata po thilu, nando muMbupupu omwa adhikile omeya ogendji nopopepi.

Aashamba sho ya li inaaya ziminwa okuteka mo, inaa wapa okuvotola mo omeya gokudhimitha omulilo, oshoka kapwa li epitikilo lyomukwaniilwa.

Kakele kaMbupupu, ontega nalyo opwa kala ishewe edhiya ekwawo, hali ithanwa *Shiziya.* Ohaku ti muShiziya omo nduno mwa kala hamu nwethwa iimuna yomoombala dhaakwaniilwa yOngandjera.

Iikala niitumbula mbiya hayi popithwa nayo aakuluntu yaMbupupu, oyo tuu ishewe hayi kundithwa aathithi yaShiziya:

"Tu kwatheni wo tu nwethe mo oongombe dhamwene gwAashamba."

Oondjindikila adhihe dhaShiziya ongadhaMbupupu; tashi ti, inaku kala kwa pitikwa nando omushamba a nwethe mo iimuna ye, nenge a lithe, kakele ngoka e shi uthilwa.

Omadhiya ngoka gaali ogo ga li omutima gwiidhilika nehala lyomulilo gwOngandjera. Ohaku tumbulwa wo oshana shaKola nasho sha li shi na ontumbu miikulunima yOngandjera.

9
Uuholameno waapogoli

Mpo pe thike omisindilo, opo tuu wo pe thike omataaguluko gadho. Moombala olwindji ohamu pogolwa, omuntu a nyengwa, nenge pamwe e shi ningi tuu mokwaashisha, nani a pogola, sho a nuka oshidhila shika, nenge shiyaka.

Uuna omuntu a pogola okwa li ngaa aayoni hashi vulika taya yukithwa po oompadhi. Ihe omuwa ngele okwa geya a latha ko, okwa li hashi vulika omuntu a tokolelwe egeelo lya shiga ko, pamwe olyeso nandookuli. Omalenga goshilongo oga kala wo ge na oondunge nolukeno okuhupitha aantu yoshilongo. Ano omuntu opo tuu a hupe, opwa li omahala guuholameno ga tsuwa po, gowina gokuholama, nenge gokuhupitha aapogoli.

Omahala guuholameno ga tya ngawo, gamwe okwa li ga kala popepi, ihe opuupatekedhi nohaga kodhililwa, opo omuyoni kaaha mone ompito yokuthika nuupu mugo. Uuholameno owindji owa kalekwa kokule nokuthikwa komupogoli, kakele ngoka he ga tanga.

Okwa kala haku popiwa omahala gamwe ga simanenena okuhupilwa kaatokolwi; gamwe gago taga dhimbulukiwa natango ongaashi:

a) **Ondunda yoondjupa:** Omutokolwa shampa a hunukile koondjupa dhokuhikila megumbo, e ta kwata miingongo, nenge kekumbo lyondjupa yomahini, iha dhipagwa we.

b) **Omekolo lyomuwa:** Omutokolwa ti iyundulile komatundji gomuwa, ye ta yaya omwayi: *"Tatekulu, nda gwaya evi, Ontana yaMulondi nayi kwate, inayi lya. Nda gwaya evi, Mwene gwiita, nda gwaya evi."* A hupu ngaaka.

c) **Olwoondje lwomuwa:** Omupogoli ngele okwa pilikisha mbala, e ta kwata olwoondje lwomuwa, iha dhipagwa we.

d) **Ondjugonene:** Omupogoli ngele okwa tondoka noku hwilingitila mondjugonene yuuwa, opuwo ngaa, naampoka oha hupithwa.

e) **Okawagona mekolo:** Omugeelwi nomutokolwi shampa a hilile okawagona mekolo lye, nena omuwa ke mu dhipaga we.

f) **Ombila:** Omuntu ngele ota dhipagwa, e ta matukile kombila nokukwata komuhi gwa dhikwa ko, ita dhipagwa we.

g) **Ompampa:** Ngoka a geelwa nokwa tokolelwa eso, shampa a tondoka, e ta kwata iiti yompampa, okwa hupu tuu ngaaka.

h) **Omayana giidhila:** Omupogoli shampa a hunuka miikaha yaadhiginini ye, e ta tondokele mulimwe lyomomayana giidhila, aatumwa ohaya galuka ko owala ya sa uunye, yo yu uvite uuyi, oshoka omupogoli a hiti megameno.

i) **Ekango lyaMushuna:** (popepi nOkapale koondhila mOndangwa), omupogoli ngele okwe ga tanga, e ta thiki mEkango lyaMushana, aatumwageeli ohaya galuka ko owala taya ili ominwe, oshoka mekango ndyoka ihamu dhipagelwa muntu.

Ohaya ka lombwela omukwaniilwa taya ti:

"Mwenegwiita, ngwiyaka inatu mu adha we, oshoka okwa yi mokugulu kwomukwaniilwa."

Omuwa wo, ngoka a tidhwa moshilongo komuwa omukwawo, ndele a tondokele moka, naye oha hupu.

Mekango moka nale kamwa li hamu lyatwa nokutaagulukwa noongaku dhoontsakaya. Ngoka te shi yelekele, shampa a thiki mokati kalyo, oha thikama owala, komeho itaaha yi, ye konima itaaha wapa we okushuna, shila ongele kwa zi omukuluntu gwontumba, e mu patukununa mo. Ngawo olya lukwa "ekango ihaali shunwa konima".

Konima yokuhupa kwomugeelwi pamikalo ndhono, omuwa oha zi elaka tali ti:

"Lombweleni ntumba/ ngandi ngono, tamu ti: 'Nde mu hiya mo, ye ne ende omutenya'."

10
Endungiko lyowina

Egumbo kehe, unene lyomusamane, olya kala li na oshinyanga shohungi. Mwene gwegumbo esiku kehe oha si oshimpwiyu opo poshinyanga pu kale oshithonono shohungi.

Opohungi tuu aanona haya lombwelelwa oohedhi dhegumbo, dhomukunda, dhoshilongo nomaihumbato gopaakuluntu. Omukuluntu kehe ye mu tale oye he, yina , nenge yinakulu. Omukuluntu kehe oku na uuthemba okupukulula, okuganda, okuguna nokuzula omunona komukalo kehe tashi vulika, nando ke shi gwaandjawo.

Oshinima shika omunona kehe oku na okukala e shi shi. Uuna omunona gwaandjaNgandi a adhikilila kumushiinda ta tsinagala shontumba, omolwoshinakugwanithwa she shokuputudha omunona kehe moshigwana, mushiinda otashi vulika a kwinune nokanwa omunona ngoka, opo keehe shi yelekele we.

Omunona ngoka nando a dhengwa kumushiinda, maandjawo ite ke shi makuka mo, oshoka otashi ningi shi mu etele ishewe okuziilila maakuluntu yaandjawo, ngele yu uvu shoka a dhengelwa. Omukalo nguka nuuteku woshihangena, owo endungiko lyowina lya kala hali longithwa oshoka omunona ke shi gwagumwe, ihe oye omuntu gwoshigwana.

Mokukunda omukuluntu kehe, omunona oku na okutsa oongolo, opo nawa ta tumbula:

> *"Wu uhala tate/kuku/ meme/kuume?"*

> nenge

> *"Wa penduka kuku/ tate/ meme/kuume?"*

Omukuluntu naye uuna ta popitha omukuluntu omukwawo, oha kuutumba tango, ye ta kuutumbike wo omuyenda, opo e mu popithe nawa! Epopithathano lyaakuluntu ya tsakanena melundu, okwa li hashi vulika wo ya tse po ongolo, ya popithathane nokukundathana nawa.

10.1. Eikwatonawa lyopaantu/lyopombala

Aaputudhwa ohaya lombwelwa wo iikala yomomagumbo omanene moshilongo taku ti:

Egumbo lyuuwa ohali endelwa kUuzilo walyo, keelo. Kokashila ihaku pitwa kukehe. Muuwa ihamu indilwa, mo ishewe ihamu popithwa mboka haya adhika mehale lyegumbo, kungoka te ya mo, aawe. Mehale ngele ino adha mo omuntu, kuutumba owala nokungungumana, wa tegelela kelugo ku ze omuntu ngo ta zi ko, ngweye to kolola: *"Ko-ho, ko-ho, ko-ho, ko-ho!"*

Kotoka: Uuna to kolola, ino ikolomona!

Aambala shaampa yu uvu omukolo gwondjamba, taye ya shito ye ku popithe, ngoye to holola ompumbwe ye ku enditha. Ngele owa pumbwa okumona omuwa, mwenemwene, londela komupwaka. To pula nawa, ngele mwenegwiita omo tuu e li nongele otashi wapa tuu mu tye po naye.

"Ngele to yi kombala aluhe pita tuu tango poompundo."

Dhimbulukwa wo kutya, edhina lyomuwa ihali tumbulwa meukililo niipwaendo. Peha lyalyo ohapa longithwa oshityadhinangundu, *"aantu."*

Ngaashi ando gumwe ta lombwele yalwe ta ti: *"Aantu yaNanyege opo ya piti mpoka nongundu ye, yu uka kOndjumba."* Tashi ti kutya omuwa gwomOnanyege okwe ende mpoka nongundu ye yu uka kOndjumba.

Egumbo lyuuwa ohali kala lya sindwa nolya dhikika, li na oondunda, omikala, iinyanga nomihandjo. Omukala gwa za kehale ohagu piti mosiisilwa ndjo ya petha omikala, ngu gu uka kelugo lyomunyekadhi, omukwawo tagu uka koondunda dhomuwa mwene.

Opo nduno wu ka lyatakane nomikala, pamwe ngweye omulumentu sigo to yi kelugo lyomunyekadhi ko ihaaku endwa kumunambenzi wu teye oompamba dhuuwa!

Kombinga yomukiintu, ngele oye a mpyampyakana, ihashi kala unene epogo, ashike ohashi mu yolitha kaambala mbo ya lokelwa mo.

Sho ku na okakako okuthika pomuwa, omuntu oha tsu oongolo nokukookayela ngaaka puye. Pomuwa ihapa kuutumbwa olukata, nenge pu taandelwe.Omuntu oha mbwembwetele ye a gonya omagulu oompadhi dha tala konima e ti ikuutumba kudho. Ihapa lwengaukwa nokutongolola omukuluntu moomuni dhomeho. Iikeukakeuka mbyono ohashi vulika yi zikilithe omuntu evi momeho, e-hee!

Omuntu ina kala ishewe a tala mevi ngohima, ko ku tiwe:

"Ngoka oshimbudhi shila?"

Paawa ohapa kalwa oshimbala, omuntu e li ngaa ohanda!

10.2.   Nkene aawa haya ithana nokwiitaalwa

Omuwa ngele ti ithana, ihi itaalwa taku ti: *"Ee,"* nenge *"Eweyi"* Ko ihaku yamukulwa keithano lyotango. Ohapa tegelelwa, sigo ewi etiyali netitatu, opo omwiithanwa ti itaale nawa.

Omuwa ti ithana: *"Kakonda, Kakond' ee!"*

Ngweye mwena manga, opo sho te ki ithana ishewe: *"Kakonda, Kakond' ee, Kakonda!"*

Omuwa ngele omulumentu, omwiithanwa ohi itaale ta ti: *" Tate - ee !"*

Okuza mpoka, omwiithanwa omoshimvumvu a ka pulakene sho ti ithanenwa, oshoka mwiithanwa itaala, pamwe oto ka zililwa, nenge wu ka pewe omundjembo.

Omuwa ngele omukiintu, nando eithano olya faathana, ohi itaalwa shi ili. Ti ithana:

"Nyambali, Nyambal'ee, Nyambali, Nyambali!"

Ye omwiithanwa omukiintu ti itaale:

"Ii - ndjayi."

Ye ta thiki pona nokuli a ka lombwelwe eithano.

10.3.   Oshimbala

Napa tanuthwe ishewe kutya, mokukalathana naambala, opwa kala ombunda. Omuntu na nongele iikala yawo, oshoka olwindji ngoka opo te ya muuwa oha ningwa oshihakanwa shiindjola nokulungithwa oontaku dhomeya.

Ka kala tuu inaaha tumwa, a ka kolowalele omuwa aniwa okwi ithanwa a ka tumwe po, ye a ka lombwelwe shontumba noshongandi, nani oshinima *iikungunika* yowala yoshimbala ta talwa po.

Momauwa gonale omwa li mwa kala ondjala, mo ishewe ihamu liwa uulalelo shila omwiha, gwo ohagu ka liwa kwa toka nkene ngaa lya pitile.

Ohedhi ndjino oyo yimwe ya ningitha omalugo gomagumbo gopoompundo ga kale aluhe niiyuma yi na okantsi. Ohaga kala aluhe gi ilongekidha, sho ge shi kutya aambala oko haya zi hoka ye niwe *kuunona wuuwa* momeho opo ye ya yake.

10.4.   Omungo nongushu yuuteku

Molweputuko, aatekuli yamwe oya kala haya gandja aanona yawo ya ka menekele kuuwa, opo ya ka likole omeengweno nomakeko gakwalukehe, taga gwedha ngoka gomuushamba. Shino osha ningila kutya, omumati ntumba, nenge omukadhona ngandi, a kale e na hekulu omuwa nima. Ota kala ihe ha ka menekela kuhekulu ngoka, e taya kala haya ende naye.

Mboka ya tekulwa ngawo moombala dhaawa nomomagumbo gomalenga oyo ya talwa aalongekeka, oonkulungu, omanyakwa naanandunge miinima yoshilongo.

Ndhindhilika, aantu mboka ya tekulwa pashigwana oye na omungo nongushu yuuteku. Aantu tuu mbo ya tekulwa nawa ngawo, olwindji oyo ya lengwa pashigwana noye shi okukala komeho gaantu nokukwata nawa omithigululwakalo niinima iikwawo yopashigwana. Omalelo wo agehe, lyopamuthigululwakalo, lyoshinanena nolyopaigwana, oyo tuu aantu yoludhi ndwoka haga hakana po tango, uuna kwa holoka ompumbwe yu ukila hoka.

10.5.   Omalupepopitho pashigwana

Tapa winopekwa ishewe kutya, omagumbo, halyuuwa alike, oge na ombinga ndjo haga endelwa. Ihaga kundukwa komasinzi. Megumbo lyomuushamba ihamu yiwa ombunzilwa. Omuntu kehe ta yi megumbo e na okwiindila epitikilo kooyene yalyo, lyokuyamo. Olwindji omuyenda te ya megumbo oha indile a thikama ontega noshini.

Pethimbo lyongula omuntu shampa a yi megumbo oha ti:

   "Mwa lala mo! nongele ota pitilile po, oha ti: mwa lala po!"

Poshitumbetango:

   "Mwa shilwa mo/po!"

Pethimbo lyomutenya:

   " Megumbo!"
   " Tu pii mo wo!"

"Mu uhala mo!"

"Omuuhalo!"

Omuyenda omukiintu ohashi vulika ti indile ta ti:

"Itu tseni."

Omuntu ngele okwa adha aantu taya tsu, ohashi vulika ta ti wo:

"Oshikwiila!"

Kongulohi epopitho ohali lunduluka li tye:

" Mwa tokelwa mo/po!"

"Tu pii wo uulalelo?"

"Uulalelo!"

"Okalalelo!"

Omuntu ke na nande okwiindilila meelo lyegumbo, aawe, oku na oku shi ningila ontega noshini, nenge pomudhiingililo gwelugo, ngele oye omushiinda nenge omushiwikile gwegumbo.

Komalupe agehe omwiindili ohi itaalwa kaanegumbo. Ashike ohe ki itaalwa lela kepopitho etine oshoka pahedhi yoshigwana, ihaku itaalwa omuntu kewi lyotango.

10.6. Omahalanongekelwo galwe

Kakele koohungi momagumbo, aamati oya kala ishewe haya nongekelwa kiigunda, kuusita, koohambo, momalweendo, ngaashi gokekango, uukongo nokuuhwi.

Aakadhona, miinima yoshikiintu omutekuli omunene gwawo omukulukadhi, nakuvala, nenge omutekuli gulwe. Uuteku mboka ohawu ningilwa komalugo, moondjugo dhokulala, piini, momapya, momakolo, moohaha nomoompito dhowina dhilwe.

10.7. Eikwatopomutima

Eputudho lya tya ngeyi ndongo okeluwa ndino, ngoka inee li mona ohi imonikila meholoko, miikala nomiilonga ye. Omuntu ha talwa gwoohedhi dhaaha tokokele, sigo onena ohii kwatitha aantu pomutima neipulo ndi:

"Akwetu, ngono ano ogwapeni - okwa hungila ngaa?"

Ihashi kumitha okuuva aagandjiilonga yethimbo ndika, uuna taya kongo aayakuli, tu tye nando oyomomagumbo, eigidho lyawo hali uvika tali ti:

"Onda hala omuntu a za komagumbo gomiti, kOwambo."

"Omuntu na kale a za kOndonga, kUukwanyama, kOmbalantu, nenge kOkalongo."

Otashi pwatula omutse, ngele enongelo nuuteku mbuno, sho aavali naatekuli yaantu taye wu kanitha momagumbo gawo. Otashi tilitha wo ngele aaputudhi otaya ekelele nokutumbula kutya: *"Aananena oya longwa, yo aananzapo, aanankatu naanandunge dhopombanda, yo kaye na sho kaaye shi."*

Otashi vulika aaputudhi taa taya naga oshikaha nokutumbula taya ti: *"Onkambe nayi ka gwe owala nomulondi gwayo!"*

Ngoka omadhiladhilo goshege, gonyanya nokage na sho tage eta po, shila eshunduko lyuuntu netekepo lyoshigwana alike, tashi tanitha maantu yoshigwana shika.

Eputudho lyopashikwiilongo inali ethiwa nando li nine po eputudho ndika lyomungo lyopashigwana. Eputuko ndyoka lyomomambo, kali shi kweethelwa po alike, aaputudhwa otaya kala ye ethelwe, taya ngaathele nokweendekela, yo taya koko *okagulukamukwendje!*

Eputudho lyopamambo ewanawa nolya pumbiwa shili, ashike ngele tali ethelwa po alike, oshilongo otashi peguka mondjila yasho yeputudho lyopontsapo, lyomuntu kehe e tashi ningi *sholwagogwa nonkuve*, ngaashi tashi konekwa monkalathano yomapipi gonena.

Aakwetu yaNankali yUupongo: *"Kaku na okadhila okagoya nomayi gako."*

11
Omainyanyudho gopashigwana

11.1. Omakenyuwa

Aanegumbo oya kala haya nyanyudhathana pamikalo dhi ili nodhi ili, uuna ya hungila. Omasiku gamwe pohungi ohapa tungwa omakenyuwa, nenge pu tsuwe oongano.

Ekenyuwa ohali tungwa omuntu ta kenyauka, ta hili iipa yoshipala, yomilungu, nenge te ekama, te edha mo elaka, ye ta pungulula omilungu nokwiitula molupe talu yolitha.

Omumwihuki gwotango oye hashi kwata noha landula ko okutungila yakwawo ekenyuwa. Omalufo gokuyolithathana osho haga taambathanwa pamukalo ngoka, ndongo oshithonono sha hulu, yo aantu taa hunguluka.

11.2. Omahokololo gomathithi

Nofu kakele komomakenyuwa, aantu ohaya lombwelwa omahokololo gonalenale.

Omahokololo, ga kala ga simana, ohaga popi aantu, nenge iinamwenyo. Opwa kala pwi itaalwa kutya, muuyuni omwa kala aantu yontumba yolwaala lwi ili. Aantu yolwaala ndwoka olutokele oya lukwa omathithi nohaya kala koombogo dhiiyanda nenge komitutu dhomiti. Oya kala haya tilika, oshoka aniwa ohaya li po aantu, unene tuu uunona.

Omahokololo ngoka gooNehoya nEthithi ogo omahokithi, omashambudhi nogu udha iiyolitha.

Oshitya 'ethithi' osha kuthwa koshikwawo 'edhidhi'. Okwa kala uupuka woludhi lwomadhidhi gomatse omanene nolwaala lu ukila kuutokele wa yayuka. Omadhidhi ngoka ohaga kala komakwena giiyanda, nenge momitutu dhomati omikukutu, dhoka dha kulupa.

Aantu sho ya mona lwotango omunona gwolwaala ndwoka a valwa pokuma, oye mu pa edhina ndyoka 'edhidhi'.

Mokupita kwomathimbo nonyalo yelaka, aantu inaya kala we nokutumbula oshitya 'edhidhi', ngaashi sha li pontsapo; pehala lyasho ohaya ti owala, 'ethithi'. Hela tuu uuna ndwoka oshitya sha tsama nosha kakatele momupopyo gwesiku kehe, ndongo okuuyuni mbuka.

Aantu aatokele, ye na elaka niikala yi ili, sho ya thika miigwana yAaluudhe, ohaya tungu omagumbo ga fa iiyanda nomo haya kala. Momeho gomuluudhe, ongulu (ongulumani = shoka shaahe na komeho nokonima), oyo oshaanda shi na omakwena noombogo, kwo okwo nkoka haku kalwa komathithi ngoka.

Ashike pakudhiladhila, momahokololo gomathithi omwa holekwa wo omahunganeko ogendji omanene giinima yopapolotika yiigwana niigwana mbyoka nayi ka holoke monakuyiwa yoshilongo. Shoka panena, pakutala sha tsakanithwa paupolotika wiigwana, unene tuu yetu yaaluudhe.

Iiholelwa yimwe yomahokololo gomathithi

Mbangula, omutompoli

Okwa li ku na omukulukadhi noyana yatatu; Nehoya, Namutako naNankelo. Limwe lyomomasiku, aanona mbaka oya ka likola oombeke moshiheke. Nando yina e ya kumagidha kutya, ngele taya adha omukwa yaaha ye mo, ihe inaya vulika.

Sho yi itsu mo omukwa gwa tiligana, gwo gwa napa oonkwa odhindji, Namutako naNankelo oya tokola oku ka toola oonkwa dhawo. Namutako manga a li pooha dhekota, ekota olya makuka, e tali mu nina po. Okamwayina Nankelo oke mu kwata kefufu, ko taka igidha:

> *"Namutako gwameme ta hililwa mo, Namutako gwameme ta ningine mekota lyomukwa!"*

Osho a kala ti igidha ngaaka, navulwa mumwayina Namutako a ningine mo. Nankelo okwa li a kwata Namutako kondali yimwe yefufu lyokomutse, sigo Namutako a ka kowita mo thiluthilu.

Nankelo sho kwa ale a fadhuke po, omukwa gwa makula ekota lyagwo nogwe mu hutu po wo.

Nehoya okwa shuna kuyina kegumbo, ta lili oosa dhuumwayina awuhe uyali wa ninwa po. Yina okwa haluka, sho e dhi uvu e ta nyenyetele Nehoya, kutya okwa kala e ya londodha, opo yaaha ye nando momukwa.

Oomvula dhimwe sho dha piti po ya dhimbwa, omukulukadhi, yina yuunona wa sa, okwa tumu Nehoya a ka tyaye moshiheke. Nehoya okwa tsakanene mo nokakulukadhi kalwe, ke ya wo okutyaya.

Okakulukadhi taka lombwele Nehoya: *"Ohela ondi ile okutyaya muka ihe ondu uvile ewi lyaNankelo yaMuhomati, tali popi momukwa moka."*

Nehoya okwa lili onkwe ta ti: *"Oshike to popile aamwameme ya sa nale?"*

Nehoya sho a fala iikuni kegumbo, okwa lombwele yina. Yina moku shi kundana okwa ti ishewe: "O, okakulukadhi hoka otaka yolo ndje, ke shi ndje ngiika uugoya, sho nda silwa aamwandje."

Esiku ekwawo okakulukadhi oka ka tyaya natango moshiheke shoka. Manga taka panda iithindi, oku uvu ewi tali ti:

> *"Kakulukadhi ngweye, puupuu,*
> *To pumagula iithindi, puupuu,*
> *Inda wu ka lombole kegumbo, puupuu,*

> *To ti omukwa gwa ly'ewawa, puupuu,*
> *Gwa lya Namutako gwameme, puupuu,*
> *naNankelo yaMuhomati, puupuu."*

Okakulukadhi oka ka lombwela yina yaanona ya sa noka adhele ta paka po etapati, taka ti:

> *"Aamwoye oko ye li ye na omwenyo, oshoka ondu uvile taya popitha ndje, taya ti nii ka lombole kegumbo kutya, omukwa gwa ly'ewawa, gwa lya Namutako gwameme naNankelo yaMuhomati."*

Yina yaanona sho e shi uvu, okwa tile okakulukadhi etapati epyu moshipala, e te ka tidha po. Okakulukadhi neyeme oka nyenyeta noka pula yina yaanona ya ye pamwe mokaheke. Oka ningi euvaneko kutya, ngele yina yaanona ina mona oyana, otake mu futu. Ngele omuvali a ka mona oyana, oye te ka futile iilaloposhe mbyoka yetapati.

Omuvali okwa ti ishewe: *"Oshampa tuu aamwandje inoo ya pandje, otatu yi kuuwa. Oshike to ningile ndje ngawo, nando wu shi shi kutya ngame onda ehama komwenyo, sho aamwandje ya sa."*

Ongula sho kwa shi pethimbo lyokomatango, omukulukadhi nomwana Nehoya naashiinda, oya ka pitula okakulukadhi, opo ya ka pulakene ndhoka hadhi tiwa kuko. Sho ya thiki pomukwa mokaheke, okakulukadhi oka dhenge koshithindi: *"Polo, polo, polo, polo, polo, polo, polo, polo."*

Ewi nolyeya:

> *"Kakulukadhi ngoye, puupuu,*
> *To pumagula iithindi, puupuu,*
> *Inda wu ka lombole kegumbo, puupuu,*
> *Wa ti omukwa gwa ly'ewawa, puupuu,*
> *Gwa lya Namutako gwameme, puupuu,*
> *naNankelo yaMuhomati."*

Yina yaanona ya lika po sho e shi uvu, okwa ti kokakulukadhi heya: *"Mukiintumukwetu, otandi ku futu."*

Sho ya yelelwa kutya aanona omo ye li momukwa mono, oya ka konga onganga. Onganga sho ye ya, oye shi koleke wo kutya Namutako naNankelo omo ye li momukwa moka. Epulo edhigu lya thigala po natango, olyo nkene aanona taya pandwa mo. Oyu uvathana pu kongwe ondhila, ndjoka tuu yi na omulungu gwa kola, yi ye yi ya pande mo.

Tango opwi ithanenwa Kola lyaNangedha. Kola okwa panda ta ti: *"Kowaa, kowaa, kowaa, kowaa."* Elungu lyaKola lya ndonyoka.

Taku ithanwa Kayimbi kaNamukowa, e ta panda ta ti: *"Kwiyololo, kwiyololo."* Elungu ndonyo. Osho ya kala taya ithana oondhila dhi ili nodhi ili, sigo adhihe dha pu ko inaapa tompoka sha.

Gumwe okwa ti: *"Tu ka kongeni Mbangula, oshoka ye ondhila yomulungu gwa kolele."* Mbangula sho e ya okwa tameke okupanda ekota lyomukwa ta ti:

> *"Ngele tamu li, polo, kamu shi Mbangula.*
> *Ngele mwa mana po, polo, tamu ti,*
> *Mbangula nake ye ke mu pande mo.*
> *Ngele tamu li, polo, kamu shi Mbangula,*
> *Ngele mwa mana po, polo, tamu ti*
> *Mbangula nake ye ke mu pande mo."*

Osho a kala ti imbi, ye ta panda ngaaka, ndongolo aanona ya zi mo momututu gwomukwa. Yina yaanona okwa pandula nokwa futu okakulukadhi heyaka ke mu lombwele oyana mpo ye li.

Mbangula, omupondoli gwiilonga ya nyenga nooPumputu lyaNamukanda gwaSheya, okwa shuna mokaheke inaaha futwa sha.

Omunahambo nomathithi

Opwa li aanahambo ye li niimuna yawo mokuti. Kehe esiku ngele taa ka nwetha kondombe, ohaya adha omeya ga vongolwa nayinayi.

Esiku limwe aanahambo manga taa zi hwiya, oya tala omathithi taga tyampauka nomeya.

Ethithi ekuluntu lyomakwawo ta li imbi:

> *Twega vongolela owina, halawili,*
> *We shi yala tu idhengeni, halawili,*
> *Twi I teyele ombwati niiti, halawili,*
> *Oondhimbo tatu shinuka, halawili.*

Omunahambo te ga pula:

> *"Mathithi nee, otamu ningi shike?"*

Omathithi agehe noga fadhuka po e taga hiti komututu gwoshaanda. Omunahambo okwa yi pomututu e na egonga. Okwa hwanga ko negonga, e ta tsu limwe meho.

Ethithi tali lombwele omakwawo: *"Hedhii ko, te tsuwa momeho."*

Ekwawo tali yamukula: *"Hasha, inga ndi ku pa limwe li li mokapulupulu."*

Ndiyaka tali tsikile: *"Hedhii ko alikana!"*

Ekwawo tali yamukula: *"Ah, inga ndi ku pa limwe li li mokapulupulu, uvite!"*

Osho ga tsikile okushunathanako ngaaka, sigo omunahambo e ga fikile ko agehe komututu gwoshaanda.

Koneka: Uuhokololo woludhi ndoka owa li ko owindji, wa pungulwa owala momitse dhaamboka taa ende nokunenako kuuyuni, ngawo nawo otawu hulu ko pamwe nayo.

12
Oongano

Omasiku omakwawo, pohungi ohapa tungwa ishewe oongano. Olungano olwo edhiladhilo lya futama. Molungano omu na edhewomadhiladhilo lyomuule. Omugandjingano ota tedhatedha edhiladhilo lyontumba, e te li tumbula, a *tale po noku leve* omadhiladhilo gomuyamukuli ngele otaga vulu tuu mokathimbo okafupi, okumona edhiladhilo lya futama, ye e li tomone li li mondjila.

Gumwe oha ti: *"Taamba mo?"*

Omuyamukuli ta yamukula: *"Eta!"*

Uuna omuyamukuli a nyengwa oha ti:

"Nda nuka po", nenge *"Nda alelwa."*

Omugandjingano ta gandja eyamukulo.

 Mupyamunene, muuyuni mbuno wethelemumvo 21, aasuukululi naamatuli yoshaaluwata shino oya ka lala. Ngiika mboka ye li po nena otaya yalulwa noyendji yawo *aawalyayeki*. Oongano otadhi vulu okutopolwa miiluku yopatatu ngaashi:

a) *Ootaambamongano*

b) *Iitetewangano*

c) *Oondjimbongano*

12.1. Ootaambamongano

A

Ongano	Eyamukulo
Aafukoyaali ye li ondunda yimwe, ihe ihaya endathana	*Omeho nokana.*
Aafuko yaandjetu ayehe okoontanto?	*Iigandhi yaandjetu ayihe okiimato/ okoongudhi.*
Aakwankwala yaandjetu, hela ye ku uhala?	*Oonyothi.*
Aakwankala/aapika yaandjetu ya humbata oondjamba ndatu?	*Omasiga gatatu ga humbata ombiga.*
Amatsi sho a ya kiilongo, openi e endela	*Oontsi sho dha ya mondjupa, openi dha pitila?*
Aamati yaandjetu ayehe okoondjembo?	*Iigandhi yaandjetu ayihe okiimato.*
Aana yaAngolo ya kwata he kuutako?	*Oongudhi dhoshigandhi.*
Aana yaNdjamba ohaya valwa nomatende?	*Aana yaNangombe ohaya valwa ye na oongombe.*
Aana yaTilindindi taya dhana, ye Tilindindi mwene a mwena?	*Iitayi yomuti tayi shikashikwa kombepo, lyo ekota lyomuti lya mwena.*
Aasamane yaandjetu taya andathana pomapalu?	*Ekuya nemanya.*
Aashiinda ihaaya monathana?	*Eyulu nokana.*
Adhihe okapeto kamwe?	*Omakwega gepokolo.*
Amukomagana, okatsezi kaandjetu?	*Okayuli komagongo.*
Amulalo gwa nika?	*Oshisitameno.*
Amuyulumunene haye a pembe?	*Amupadhimunene haye a fulula ondjila.*
Amwaatata?	*Kaho kamwe mutakulamposi.*
Andiya ndi dhiladhile ndi ku pe?	*Onona/onyama nayi pye ndi ku gandjele.*
Angolo momutanda?	*Omwedhi moonyothi.*
Antulo yaa uhala nambudhi?	*Akana kwaaha tokelwa nohapu.*

D

Ongano	Eyamukulo
Dha ngoongola, dha yi meno?	*Dha yanda, dha yi kiilongo*
Dha yile kohambo oombulu, nadhi galuka oonkwambinga?	*Ongaya.*
Dhingilili yokoongano, ngele we yi tumbula, ki yi mo we?	*Oosa dheshenge.*
Dhingoloka oshaanda hwii, manga tii shi piti hu?	*Wu adhe ko oonyokomweno taa kondjo.*
Dhingoloka kati kakuti?	*Kunduluka okati kalungano.*
Dhigadhiga pu?	*Enima, olya!*
Dhika omutala moshana?	*Aalodhi ya ze ko ya tye, egumbo.*
Dhiladhila ndi ku pe?	*Iikala yomuntu ndaaha shi ngano.*
Dhi li mondjima, momuntu dha shela mo?	*Oondunge dha pumba momuntu.*
Dhakili, dhakipa?	*Dhamuhoka, dhambelela.*
Dhungadhunga omwele wu itse?	*Nuka omankolo gambala, wu idhipagithe.*

E

Ongano	Eyamukulo
Eelo nontsa?	*Omukunda nelenga lyagwo.*
Eelo she eta?	*Omagumbo shikongolola.*
Efo lyelembelembe komunona?	*Ongombe ombwanawa yi li kohepele.*
Efo lyomukwiyu, pandula?	*Ondjila ngele ya hulu, galuka ko.*
Efundja kali faalele enenge?	*Onyama yo ondoka kayi tokola laka.*
Egulula po ndi pite?	*Yola, onde ku yuulukwa.*
Egumbo lyaandjetu alihe okoonkambo?	*Aakadhona yaandjetu ayehe okoontanto.*
Ehangu ele lye eta uudhila mepya?	*Omudhike a yela, e eta aalumentu megumbo. Olwaanda olule lwe eta ekumbu/iita megumbo.*
Ehenge li na omwiidhi?	*Ehi enene.*
Ekaya lyelembelembe?	*Omuntu e ku hula, okoshipala ho tala.*

Ekaya otali kaama momulonga?	*Mumwanyoko/omukweni nande na kale omwaanawa ku mu ushike.*
Ekela okakangwa momupundu?	*Aalodhi ya tye ohima.*
Ekombo tali ti, hulukutu, hulukutu?	*Epunda lyondjala tali ti: "Ka yake, ka yake".*
Ekondombolo lya yaga oonyala mongalo?	*Omusamane a tala mokagandhi e ta ti, "Mwali gwandje mwa pu".*
Ekulukadhi lyaandjetu amapati?	*Oombuli dhoshigandhi.*
Ekulukadhi lyaandjetu amaagilili?	*Epungu*
Ekunde/epungu lya kukuta, tala komafo?	*Aantu ye holathane, tala komeho.*
Ekuya lyokOnantanda kali upikwa ngula?	*Oto adha ko Nembundu lyomakutsi newanduli.*
Ekuya nomonkete li tsa?	*Ondjala yomumati ye ehama.*
Ekwiyu enene hamatayi?	*Egumbo enene hamahale.*
Ekwiyu lyaandjetu mbolongondjo?	*Emwandi lyaandjetu niinkundundu.*
Ekwiyu lyaandjetu lye endekela kuun-inginino?	*Aantu ayehe okuusi ya taalela.*
Ekwiyu lya gwa, atuhe tatu li tema?	*Etango lya piti, atuhe tatu ontele.*
Ekwiyu lya pemba, tala komafo?	*Uushiinda tawu fe kuyonuka, pulakena moohapu.*
Ekwiyu lyUushimba lye eta oontayi kOndonga?	*Ondjila yUushimba ye eta oosa koshilongo.*
Ekwiyu lyUutundu lya tsa oontayi mevi?	*Aantu ayehe okuusi ya taalela.*
Elonga tali li omupandi?	*Oonyushi tadhi li omumoni gwadho.*
Elonga lya paka ihali imbagana?	*Omunongo iha ulumine okupopya.*
Enda oshaanda hwii, manga tii shi piti hu?	*Oto adha ko oonyokomweno taya kondjo.*
Endongondongo lyi iteya othingo?	*Omumati i itala ta ni.*
Enkembe, ngele ina fa he?	*A fe yina.*
Eno lyomudhilankono ku li egulula?	*Omuposi a tsika ku mu tsikulula.*
Eno lyu udha oonguti, nashi hupu ko ohanda?	*Okana ku udha omayego, nashi hupu ko elaka.*
Epundi kohi yontala?	*Oshimbombo shomupombolume.*

Epu lya gu komugongo lya ti: "Tate Shipwaku?"	*Shimbungu a nuka oondjila ta ti: "Tate Amupunda".*
Epu lya ngoongola noshitayi?	*Onkanko ya ngoongola nomuligu.*
Etendeguti koluno?	*Ongombe ombwanawa komumbanda.*
Ethimbithimbi moluhenene li na ondapo?	*Nyokokulu/nyokomweno moshikwiila e na omayego.*
Etenga lyoonyolo kali kandele?	*Mwene gwoshilongo ka suulula.*
Etiti twe li elelele/lile shanzinga?	*Ondjila twe yi endele nomalenga.*
Eti lya lala mondjila?	*Shimbungu e li nuke a tye: "Tate Amupunda".*
Eti lya teka kiilongo, aantu ayehe otaya tyaya/yoto?	*Etango lya piti kuuzilo, aantu ayehe taya huhulukwa.*
Etungwa lya siikilila ombepo?	*Omukuluntu.*
Etundulu lyongolo li hole ompile?	*Omuna gwomudhike e hole oyana.*
Evundungwa mokuti?	*Amupadhi mOnandoya.*
Eyandamuti lyi iyanda momuti, eyandandjila lyi iyanda mondjila?	*Nyandako.*
Eyo lyaandjetu amakololo?	*Ondjito yefuma.*

G

Ongano	Eyamukulo
Gwanyoko ke ku kandele?	*Ngele a kanda, ota suulula.*
Gwanyoko te ku kugile onkugo?	*Gwaho ta hala wu dhipagwe.*

H

Ongano	Eyamukulo
Hamu lekaukilwa?	*Oshini.*
Hashi li omwiidhi ihaashi kuta, kana shaahe na?	*Ompadhi.*
Hashi ya, sho hashi shuna?	*Eno lyokweedhilitha.*
Heehee, heehee, he, eehe?	*Omuhoka gwombwa.*
Heita e hole komwandi gwaHango?	*Omundjulu gu hole koluhenene.*
Hela pwe eguluka, Namutse oyo ngaa komeho?	*Uuhutu wiilya.*
Helengete meke lyandje?	*Omuthenu gwohi.*

Hi tendenyene lwenya lwonkwinkwiti?	*Hi lumbile lwenya lwondhi.*
Huhumpu-huhumpu?	*Omuupiki gwekuya.*
Hu nda kwatelela okomukwa, hu nda lyata okomuhama?	*Hu nda tsuwa okompadhi, ihe hu nda ti sii-a-a, okokana.*
Hwiya omatendapevi, huno omathikamenashilongo?	*Hwiya omakunde, huno omilunga.*
Iigandhi yaandjetu ayihe okiimato?	*Aakadhona yaandjetu ayehe okoontanto.*
Iikala yomuntu ndaa shi oongano?	*Iigandja yomuntu keehe shi nyoko.*
Iikangwa ya pwipwikathana?	*Aaposi ya hokanathana (kwatathana keti).*
Iikombo kombanda yenkolo?	*Oonyala kombanda yominwe.*

I

Ongano	Eyamukulo
Iikombo yAandonga tayi adhima?	*Omupunda gwondjala tagu ti, ke ete ke ete.*
Iikulugumbo ihayi pu makwega?	*Egumbo enene ihali pu aalodhi.*
Iilonga iidhigu nda pewa kombala?	*Oyo kuhondja omusa gwedhiya, Okuteka omeya noshimbamba, Okuyuya ongombe nonane, Okwaaneka uusila kombanda yomeya, Okutanda uuho wuudhidhi, Okukonga etudhi lyona, Oyo kuyalula omwiidhi melundu, Okuyalula omagulu gongoongololo, Okuyalula oonyothi, Okuyalula omafufu gokomutse, Oyo kunengeka emanya.*
Iilya yandje iiwanawa yi li menkolo?	*Omupika gwandje omwaanawa e li pokati kahe nayina.*
Inoo nguungula, inoo tokelwa?	*Inoo lila, onyoko inaa sa.*
Iishemetoko?	*Omudhinwantu.*
Iitsi nokaandja Hango?	*Omundjulu nokaandjaMahenene.*

Iita yaandjetu okafupifupi?	Oshilambo shongaya.
Iiyambo yoompadhi oontalala?	Omvula.
Iiyambo nomadhimbo ge?	Omulunga nomahila gagwo.
Iiyambo moluyo?	Omboga yelopa.
Iiyanda itatu mombuga?	Omasiga.
Indongo yaandjetu, nande dhenga oye ya?	Ombiga yokuteleka/yomadhilo nande yoga.
Inda momeya, wu etele ndje mo eyi lyohi?	Inda kuulongo, wu etele ndje ko onguyo yombwa.
Idhunga noshilongo, wu tale ngele to mono mo onguyo yombwa?	Nando enda noshilongo, ku tsakaneke mo Kalunga.
Ino tu dhungadhungila omwele, oto tu tsu?	Ino tu gwayela omankolo guuwa, wu tu dhipagithe.
Ino londa omukwa noongaku?	Dhipaga po nyoko, wu se uuthigona.

K

Ongano	Eyamukulo
Kafupifupi mundunda?	Oshilambo shongaya/etudhi.
Kadhila ka piti mpa, ka thiga po olwenya lwako?	Omuntu a sa kiilongo, a thiga ko edhina lye.
Kaheeniindhi ke hole mepya?	Omuntu omunye e hole kulya.
Kakangwa wu tonde, oko no zigitha?	Omuntu ngo wu tonde, oye no kala naye.
Kakolomwa e na gwe?	Omuntu omuluya, e na mukwawo.
Kaku liwa uuthithi waahe na mitse?	Okwa kala Muthithi ta hondjo ondjupa.
Kaku na ezimo ihaali vala lenga?	Kaku na zimo ihaali vala aanyekadhi, moka hamu zi aakombanda.
Kakuya iha dhimbwa ngongo?	Okana ihaku imbwa sho taku popi.
Kakuyona ke vule to tende onguma?	Okakwatho nando okashona, ke vule owala.
Kalindongwa?	Omulungu gwepumputu.
Kamwandi ki ima egongwa limwe?	Ekuvu.
Kandi tsuwa kokwega mohambo yatate?	Kandi yi kuupika, tate e na omwenyo.

Kapanda lundangu?	*Omulodhi a panda iithini yondjugo.*
Ka pakwa ke eta ko okutsi?	*Oshini.*
Kape na kakangwa kaaha li mbiga?	*Kape na nzinzi yaaha li katana.*
Kape na kapuka kaake na ombende?	*Kape na mudhike kee na honda.*
Ka pewa mukiintu, ke na nepya?	*Kape wa ngombe, ke na noshigunda.*
Kashi pu kuyalula?	*Oonyothi.*
Kashi pu kuyalula?	*Oomuma dhevi nando yalula, ito dhi mana.*
Kashi tya, putu?	*Oluhozi lwondunda.*
Kashona kakuti?	*Kanene kashilongo.*
Kataagona ka li ngwena?	*Okati ka hongwa nombeyo.*
Kathithi kiingo?	*Kandjila, yapu.*
Kathindi, ngu?	*Kaholamena kopondjila, omambonzi.*
Katikitiki kopevi owishi?	*Omuna gwomuyamba ka li mukaga.*
Katunta molungehu?	*Angolo momutandona.*
Ka tya uyulu kokwena?	*Ka tya uutsi kekololo.*
Kashi lunduluka?	*Omunzile gwofukwa*
Kehe mukadhona ku ushikwa kelenga?	*Pela nendongo, e na po shimwe.*
Kekelende, kekelende?	*Okalya we ka helela ke ku lundu; ngo wa tekula ke ku wete we.*
Kikili-kikili?	*Omutse gwondunda.*
Kohulo yeni kaku na sheelo ndi pite ko?	*Momutse gwanyokokulu, kamu na mbole ndi dhenge mo.*
Kola yoye?	*Yamukweni kayi ku gwedhele.*
Komba okapale nokoontuni?	*Iiyala yongolo nokomushila.*
Koka ondjandjo, wi iyetele omahundju?	*Gongela aantu oyendji, wi iyetele uudhigu.*
Komuhanga kwa gu ondanda?	*Komuholo (ketanga) gwaamati kwa zi yamwe.*
Konima yegumbo ku na kuume kaho?	*Omwigo.*
Kuume kamwene gwegumbo?	*Ekuya/okambundju kontaku.*
Kuume komusamane?	*Elwaakani/ondjatha/ombayikitha.*
Ku teleke shithima shaa na mahoka?	*Kunya wu kale inoo sitama.*
Kwata ekombo?	*Kwata ho, tu lale nanyoko.*

Kwa li uusiku naku shi?	*Kwa li ondjala naku umbwa eloolo.*
Kwa ti, ko?	*Ethithi tali taga oondunga.*
Kwa tuka uudhila, okwo ku na omeya?	*Kwa yolo ongandja, okwo ku na egumb.o*
Kwa za ombepo, kwa za omvula?	*Kwa za iihulo, kwa za oondjokana.*

L

Ongano	Eyamukulo
Li pitwa li na ontu?	*Lye endwa li na omukala.*
Londa komukwa, ngoye wu pitile komupwaka?	*Itsa kokwega kompadhi, wu tye yaye kokana.*
Londa komutundungu, okomuguya to ziilile?	*Tsuwa kompadhi, okokana to ka tya: "Sii-a-a".*
Londa komusati gwaNdongololo?	*Uudhano womambungu kOnaasheshete/Nalusheshete.*
Londa koshaanda, wu kuge onkugo?	*Nya omuhana wu iyetele oondhi.*
Londela komupwaka, wu ziilile komuguni?	*Endela kelenga, opo wu thike pomuwa.*
Lupanda lwambinzi, lupanda lwamagadhi?	*Oshilongo mpa oosa, mpa oondigolo.*
Lya mbolongondja lyaa na iitayi kondungu?	*Ondjala sho yi li muKapolo, ngele omuIikukutu.*
Lya kwata lya tumbu?	*Lya mana po, lya nyenge omukothi; uuna e na te ku pilamene, sho a hepa te ku kakama.*
Lya tiligana tuu tye/mbyu?	*Enyaga lyepumputu/lyekondombolo.*

M

Ongano	Eyamukulo
Mapumputu mombuga?	*Nyokokulu kuutana.*
Mapumputu gatatu mombuga?	*Omasiga.*
Mbulu, okayidhi kopuuyanda kayi ka li?	*Omumwanyoko nando na kale omwaanawa, ku lala naye.*

Mbunyu miizimba?	*Epala lyomenye.*
Meelo shi iyeta?	*Magumbo ogo shikongolola.*
Metugulu ka yola?	*Oshini.*
Momukwiyu mwa ti, tyaka?	*Eka ketudhi lyomukwankala.*
Montente omo moshili?	*Muudhano, omo momudha gwa taganana.*
Mbwimbwilimbwimbili?	*Mpamba kayi si meya.*
Momukala mwa ti, "mbwayu" ?	*Onyokomweno a punduka nembamba lyoongodhi taka hihwa.*
Mokomoko?	*Iita.*
Mpundja ka nuka nyege?	*Ndhi ka penge shinima sho ola.*
Moshitila mwa za ondjupa?	*Moshaale mwa za omulunga. Megumbo eshona mwa valwa omunyekadhi.*
Muyapukilwa nohepa?	*Muyalelwa no lala poombalili.*

N

Ongano	**Eyamukulo**
Naanaa tembutembu?	*Oshini.*
Naashiishiika ta alukwa (a tsika) omeho?	*Okwa dhana olungu lwIitaakola.*
Naashiishika a nyenga omayi?	*Ongombe yomumati yina oshawo oshinene.*
Namutuka, dhingoloka?	*Uulemba (ondjala).*
Namutembulilwa, ka yola?	*Oshini.*
Namutse yaandjetu, nkene ya piti omutse omombanda?	*Oshuma shomagongo ihashi siikilwa.*
Namuyapukilwa nohepa?	*Namuyalelwa oongwaya no lala poombalili.*
Nande dhenga, kashi uva ko?	*Omafufu nande kulula, oge ya ashike.*
Nande itheta, ku pu dhilo?	*Nande lila, ku pu hodhi.*
Nande nayi loke, mondumba yuuhoho ku ondama mo?	*Nande nayi loke ngiini, moshifukwa kwo ondama mo.*
Nangombe lyomiiyegeko?	*Ekango lyomongwa.*
Nda ka lithile dhIita, dhaMunamba?	*Ongombe yi na omahini, ngenongo.*

Nda teleka nale, ndele kandi na edhilo kompadhi?	*Nando enda ongula onene, ompadhi yomulodhi oyo tuu waaha mono.*
Nda tumwa Nehoya noyana?	*Nekoto taa halwa komazimo, nandi ya okomakunde.*
Nda tsu okasila, ndu uka mpeya nam-pee?	*Oto yi kokagumbo koondjuhwa oon-tokele. Oto ka pendula onkoshi ya vala epaha.*
Nda tungu ondunda yi na oshithini shimwe ashike?	*Owoya.*
Nda yaha ndimba e na omandjandja omatokele?	*Ekwa/eguni.*
Nda yile kokule namukwetu, ihe nde mu thigi ko?	*Ompadhi.*
Nde ke endele kiilongo, ihe ndi ithigi ko?	*Ompadhi.*
Nde ende pokaale kaa na oombale dhokufola?	*Nda kongo omukiintu, ndaa na epaya lyokugonda.*
Ndimba nomwenge neha ta nyanya?	*Omupika nehodhi nenino ta hekumu-na.*
Ndimba a nuka pondambo nuutako wa mangwa?	*Oshipandi sholukula.*
Ndindingi?	*Ehuli lyona.*
Ndi li mekuma ki lokwa?	*Ndi li miitana yiilumetana, ki si ndjala.*
Ndi lokwa, ndi lokwa kegumbo?	*A shaa taku pi ongonga.*
Ndjika egonga momukwiyu?	*Aalodhi ya kukume, yi itse ko.*
Ndjika oshini momutunda?	*Nyokomweno a tse mo omuthindo gumwe, a ye.*
Ngele ito shi vulu, shi koka?	*Ngele oshile, kookolola.*
Ngele ndi li mondungu, oto adha ndje tuu?	*Muudhano waShimbungu oho hele mo?*
Ngele wa adha uuyale uyali, ki ipi to fola po?	Ngele wa *adha ho nanyoko taya kondjo, olye to gamene.*
Niindongo nande dhenga, oye ya?	*Efufu nande kulula, olye ya.*
Niindongo yaandjetu nkene ya piti, omushila omombanda?	*Okayuli komagongo.*

Niita yokafupifupi?	*Oshilambo shongaya.*
Nkene nda valelwe te teleke, e te ningi edhilo kompadhi?	*Nkene nda valwa ndi mone ompadhi yomulodhi.*
Nkumbinkumbi ka nu magongo?	*Mbiimbili ka lambele kumutse gwelya.*
Nuuho tawu gena?	*Onguti komutse gwoshilya.*
Nuungungulu ekuma?	*Nuuhata okatanga.*
Nuushela ta fumvike, Nuugoya ta teneneke?	*Ofukwa nekunde.*
Nya omuhana gwongula, wu iyetele oondhi?	*Dhipaga nyoko, wu mone iihuna.*

O

Ongano	Eyamukulo
Oohanda mbali dha gu ekuya?	*Nuukululu waKakoko okwi igwanena ontana.*
Ooholongo kokuuwawu?	*Uudhano womambungu koNashuungulule.*
Oombiga dhuulalelo dha toka, tootoo ngomwedhi?	*Uusila waNehoya lyaNgoongololo.*
Oombimbo dhi li moshimbamba?	*Endombo.*
Oongombe dhamushiinda dha faathana?	*Oshingulu nompinda.*
Oongolo koNatuuwayu?	*Oohumba mOnatuuwangulule.*
Oonguti dhi ihanena epya?	*Aawa yi ihanena oshilongo.*
Oondjamba mbali kelundu?	*Omagundji gaali kontulo.*
Oondjamba mbali menono?	*Kambonde naNehale taya pangele oshilongo shimwe.*
Oondumetana melila?	*Otadhi yi kokagumbo koondjuhwa oontokele.*
Oongombe odhi na omathimbi gamwe dhi hole?	*Oongombe odhi na omazimo gamwe hadhi lambalala.*
Oonguti kepya lyaNuuyele?	*Eka ketudhi lyomukwankala.*
Oonkandanga mbali kokwena kumwe?	*Ondjila ya hulu, kotoka wo.*

Oonkanga kombanda yenkolo?	*Oonyala kombanda yominwe.*
Oonkulundhimbo mbali menono?	*Aantu yaali muupika.*
Oonkulundya nomiimumu?	*Oombenzi nomokalume kagoya.*
Oonkumbwandhila komusati gwaNa-toolwenya?	*Uudhano wooshimbungu koNaasoololwa.*
Oonkwinkwiti mbali penenge limwe?	*Oondjila mbali petekelo.*
Oonyenti taya tumbathana peyumba?	*Omalenga taga tumbathana kiipundi.*
Oonyenti yi ihanena epya?	*Aawa yi ihanena oshilongo.*
Okaandje ihaka nina sheela?	*Evi ihali mana malenga.*
Okaale heya naheya, okeni to fola po?	*Ondjila yu uka mpeya nampeya, oyini to lamba po?*
Okadhila ke ende po ka ti: "Tiingoli, tiingoli"?	*Omudhike a kuta, ta ti: " Meme, pungula ko!"* *Ekumbo li li kondjupa tali ti: "Ki li hini, ki li hini".*
Okakodhi komusati gwaNdongolo?	*Okatudhi komukwiita mokuti.*
Okamuti haka gondjo Nyenyelu, ihe kake na uuhoho?	*Okana ku udha omayego, ihe kake nauuhoho womayego.*
Okapale ka kombwa nokoontuni?	*Iiyala yongolo nokomushila.*
Okayo okawanawa waaha ka lile?	*Mumwanyoko nando a kale omwaanawa, ku mu gwile.*
Okathima mpa omeya, mpa enono?	*Oshilongo mpa oosa, mpa oondigolo.*
Ombe yi li kuundjendje, nande londa ku yi adha?	*Mumwanyoko na kale omwaanawa ngiini, ku mu ushike.*
Ombiga yiipopo, oyi nyenga kusiiki-la?	*Megumbo mwaa na nyoko omuudhigu okulila ondjala.*
Omukaga gwe ku longa ohoma?	*Ondjala ye ku longa oonkanko oonene.*
Omukuluntu hamugoya?	*Shila omwiinayi owala koshipala.*
Omukwiyu omutoye, tala komafo?	*Omulumentu omutetedhi, tala kiitetwa ye.*
Omuyamba haye mukengeli?	*Omukengeli oha valwa.*
Omuyamba oha valwa?	*Omukengeli oha kengelwa uuyamba (ngomagadhi kepwati).*

Ondunda yaMukulu kayi egululwa?	*Omuntu a tsika, ku mu tsikulula.*
Onkulugumbo ihayi pu makwega?	*Egumbo enene ihali pu aalodhi.*
Onkumbwadhila keti ekukutu?	*Ongombe pomwiidhi gwa ziza.*
Omusimanekwa a pumpu?	*Omuntu a lengwa, e ta dhini aantu.*
Omuzile gwomwandi tagu iteluka?	*Aana yomukwaniilwa taya hondelathana.*
Ondjila nde yi enda naKakoko?	*Nyandako ta ningi iinima.*
Ondjuhwa ya piti pokathaalo, ya thigi po olwenya lwayo?	*Omuntu a si kiilongo, a thigi ko edhina lye.*
Ondjugo yaNehoya, yaa gwana nkuni mbali?	*Okwena kwoondhindhi.*
Ongombe ya taandeleka omushila komano, otayi kandwa ngiini?	*Omunona e li pokati kahe nayina, oto mu dhenge ngiini?*
Okadhidhi ka punduka nehuku?	*Nyokomweno a gu nuulya kohaha.*
Okadhila ka piti mpo, taka ti: "Tiingoli, tiingoli"?	*Etango lya yi mo, lye tu ethele oomposi.*
Okadhila ke ende po, ke tu gwithile eyi?	*Etango lya yi mo, lye tu ethele oomposi.*
Okadhila ihaki itsu kiikuti?	*Ekwatho ihali iyeta lyo lyene.*
Okadhila ka piti mpa, ka nyekula omushindi?	*Omuteleki gwongula omukoko mombiga, yandu.*
Okadhila kokomutse gwoye, okadhigu nokuyaha?	*Iihokolola yakuume koye, iidhigu nokukoya.*
Okadhila kokomukwiyu Nyambali?	*Ekola lyomoombahu, Mpingana.*
Okakangwa ku udha omayi?	*Okana ku udha omayego.*
Okakangwa onale twe ka lile uutoye ho?	*Ondjila onale twe yi ende nomalenga ndjo!*
Okakulukadhi kaandjetu taka tsu nehi eleeleka?	*Eta lyomvula.*
Okakulukadhi kaandjetu ka yala omuteta kepya?	*Omundjulu gwi itaandeleka mehala.*
Okakulukadhi kaandjetu komutse gwa ala, taka hupitha uuyuni?	*Oshigandhi.*
Okalimba nombwa?	*Oombati dhondjamba.*
Okampuku mombanda?	*Omusimba ta tantele oshipeke.*

Okamuti okaleelee ka tsa megulu?	*Okandjila okaleeleka ku uka kiilongo yokokule.*
Okamwandi kaandjetu ki ima egongwa limwe?	*Ekuvu lyomuntu.*
Okamwandi kaandjetu ki ima, sigo ekota?	*Nuundjomba a zala, sigo oongolo*
Okamwandi ke na iitayi iileleka, ihe nyenti ka adha ko?	*Eyulu li li popepi nokana, ihe elaka kali adha ko.*
Okandjila okaleeleka?	*Oku uka konkoshi ya vala epaha. Oku uka kaasamane taya hondjo omusa gwedhiya.*
Okandjila ku uka mpeya nampeya, okeni to landula po?	*Ho nanyoko, ngele taa kondjo, oguni to gamene po?*
Okano komombuga mutengatenga?	*Okokutsilika oonkutuwa, nenge oombago dhaakongo.*
Okapale kaNamuthethengwa?	*Omvugo yokalimba.*
Okayo okayelele shekesheke?	*Omunyekadhi.*
Okatana ke hole pongwena?	*Ekondombolo li hole ponima yegumbo.*
Okathima kaandjetu okaleeleka?	*Omo mwa kala Muthithi ta hondjo ondjupa, oosisiti, oolembe noosole.*
Okati kambuga mutengatenga?	*Ohaka tende oosilika dhuuwa. (efatululo epu inali monika manga).*
Okati komoshiheke ka nyoleka?	*Olwenya lwonkanga.*
Okatsezi kaandjetu amaniga gatatu?	*Ondjoho.*
Okatsezi kaandjetu amutsilakokule?	*Omeho.*
Okatsezi okaluudhe taku ulu, uukwawo wa mwena?	*Omusitagongalo tu uvithile aantu, yo ya mwena.*
Okayiga, Nyungutu?	*Onyama yi paka po, tu yi lye po.*
Okawe pokati kiingushe?	*Okangolingo pokati kuukiintu.*
Okoondje kandje okawanawa ke li pokati komano?	*Okakadhona kandje okawanawa ke li pokati kahe nayina.*
Oko heya, oko nkee, oonkee?	*Amutokolankandja dhaakwiita (uumpulile).*
Oko nke, oko nkee?	*Uunona nondjala.*

Okwega kwonyege ku ulula etende lyondjamba?	*Owoya wa teya ombunda yoshaanda.*
Olumbogo lu li molwaanda ihalu mana uupushu waanona?	*Oohapu dhopuushiinda ihadhi hulu.*
Olupale lwa kombwa nokoontuni?	*Iiyala yongolo/yongwe nokomushila.*
Oluyo lwa lila iitoye ndu?	*Evi lya ya aalenga oyendji, ndi!*
Omatopolo gaa wetike?	*Etango hali topola omathimbo, omakupikilo gago gaa wetike.*
Omatungwa gaali ga siikililathana?	*Egulu nevi.*
Omatungwa gaali gaNankali yaKambata?	*Evi negulu.*
Omayi ga kelengendja komulunga?	*Ki hakele lupi lumwe.*
Omikuku dho opala momutunda?	*Omilayi dho opala momadhiya.*
Omufuko gwaandjetu a toloka?	*Eta lyomvula.*
Omufuko gwaandjetu omwaanawa, she mu yona onte?	*Onkenya yomukenyu.*
Omufuko gwaandjetu ihaa hitwa kohi yeteta?	*Omulilo.*
Omufuthi e na oonyala?	*Osiludhi yi na onyama yi shi kuliwa.*
Omukokotwa gwaNangombe?	*Oontanga dhomukokotwa.*
Omukwa gwaandjetu gwi ima kombinga yimwe?	*Oshipwe shaakadhona.*
Omukwiyu, hu tagu tiligana, hu tagu kuka?	*Aantu mpa taya valwa, mpa taa si.*
Omukwiyu omunene ihagu pu ngombe?	*Egumbo enene ihali pu aalodhi.*
Omukwetu gumwe a kayilile kongolo?	*Elenga lyetu lye endele kokakambe.*
Omunkete ogu na omikwawo?	*Omulodhi naye oku na yina.*
Omukuku kagu hokwa ngoma?	*Omukwaniilwa e li moshilongo, a ti ka longwa ndunge.*
Ompugulu moomenye?	*Omwedhi moonyothi.*
Omusamane ta ni a pameka?	*Oshiliya shokutegitha oombuku.*
Omusati omule gwaShuumbwa shaAngolo?	*Ohamu gondjo oosisiti noolembe (aakwampungu).*

Omuthitu gwaTope gu pya, ye Tope ihaa pi?	*Omuthitu gu pya, yo ondjila nenge omvugo yokalimba ihayi pi.*
Omushe mombuga?	*Ogwokugondja oombwa dhendambi.*
Omuti ngomukaka, ngomukakanyutu?	*Okanona ke li mela, ngakamati, ngakakadhona?*
Omwedhi kagu kukutike ngaya?	*Oshitezi kashi yuyu ngombe.*
Omwedhi sho gwa toka, ihagu gwaya?	*Nda alelwa!*
Omwenge inee lya ogwekaya?	*Ondjila inaandi enda oyokegulu.*
Ondjila yokegulu we yi endele?	*Ohango yanyoko we yi dhanene?*
Ondjila yu uka hwiya nahwii?	*Oyu uka konkoshi ya vala epaha.*
Ondjuhwa yu utumanena omayi omatiligane?	*Ombiga yu utumanena omulilo.*
Ondjugo yomoshiheke, nande komba kayi pu vi?	*Nyoko ngele a si, nande lila ku mu mono we.*
Onkandanga kayi dhininwa lwaala lwayo?	*Omukwaniilwa iha dhininwa oshilongo.*
Onkelo yomokuti?	*Oshifiku (okahwa).*
Onkololo kayi kondo omeya?	*Ondhi kayi pitilile oshinima sha nika.*
Onkumbinkumbi kayi nu magongo?	*Embiimbili kali lambele komutse gwelya.*
Onkwinkwiti penenge?	*Oondjila mbali petekelo.*
Onkwiyu ya funda ya tsa kehekevi?	*Omudhike a thika niilya kokufu, oshoka ihayi liwa.*
Okatsezi kaandjetu amutsilakokule?	*Omeho.*
Ontsezi yaandjetu nkene ya piti otayi kondeke ooyina?	*Ongodhi ya manga oluhwati.*
Oshaanda olwoondje lwevi?	*Iikogo oongaku dhegulu.*
Oshike sha tidha oongolo kokuti?	*Omuthu gwehelende.*
Oshike sha tsima hwiya?	*Onyokokulu e li metunda lyoona.*
Oshike tashi inyenge muLyambungu?	*Aakoli yomigongo (dhaLyambungu).*
Oshike wu hole yamagumbo, ngoye wu tonde yaandjeni?	*Oshike wu hole omulilo, ngoye wu tonde omutoko.*
Oshiko neloya?	*Egumbo nomikalo dhalyo.*
Oshikulugumbo ihashi pu makwega?	*Egumbo enene ihali pu aalodhi.*

Oshitokele, shi igandjana?	*Uusila (wa anekwa).*
Oshipundu pokati kedhiya?	*Omulodhi pokati kaantu.*
Omuthima mpa epopo, mpa epopo?	*Oshilongo, mpa ohamba, mpa ohamba.*
Oyana yomuntu gumwe kaa faathanene ngonkanga?	*Aamwayina ihaa faathana ngoongwali.*

P

Ongano	Eyamukulo
Pala okapale nokoontuni?	*Iiyala yongwe/yongolo nokomushila*
Pekuta, opo puuntsa?	*Pepunda lya tsa ko, opo puulenga.*
Pokati ketu namushiinda ope na olumbogo ihaalu udha meya?	*Omakutsi nando hwela oohapu, ihaga udha.*
Pukutulu, pukutulu, hayi?	*Ka nye wa mpenyuna ompuku!*
Pyatuleni iiyala?	*Omatsatsa.*
Pontu yaandjeni kape na kandjila ndi ende po?	*Pepalu lyanyokokulu, kape na uuyuhi ndi hihe po?*

S

Ongano	Eyamukulo
Shaambeni sholumoho?	*Olweela/olumbela lwokutongonitha oongongo.*
Shaanda sho a tsima, iha gwaya?	*Mbonzi sho a nogoka, iha li?*
Shaaningwa, iha ningwa?	*Waa pula, no lala nomwali.*
Shaangala shaKamume, oshike ha ningi?	*Pumputu oshike ha li mokuti?*
Shaa na gumbo kaashi li?	*Ombiga yuulalelo.*
Shaa pile, oto ti kasha li nankuni?	*Omuntu kee na ndunge, oto ti ka li e na yina.*
Shaa pu kuyalula?	*Omagulu gongoongololo.*
Shaa pu inaashi monathana?	*Oshikaha nokana.*
Sha angulula sha yi mendombo?	*Oongombe dha yanda, dha yi kiilongo.*
Sha fa iiyanda oongolo?	*Sha fa iituntu, oompinda.*
Sha kotha, shi na omeho?	*Sha lala shi na oondunge.*

Shakashaka shaAmulondo?	*Kakoko a vala ka kwiinine.*
Sha kala sha kola sha kolelela?	*Oongudhi dhomulama, ndhoka dha kwata egulu nevi.*
Sha kwata he kuutako?	*Oongudhi dhoshigandhi.*
Sha kwata onufu?	*Iipa.*
Sha lala shi na omeho?	*Sha kotha shi na oondunge.*
Sha nuka ondjila sha ti: "Tate Hamupundee?"	*Omusamane kwi idhenge mekwalungu lyuuhutu, e ta ti "uuyuni wa gwana po!"*
Shahmm-hmm?	*Shanyoko to li.*
Sha panda olundanda?	*Okwena kwoondhindhi.*
Sha pakwa, ihe omakutsi okombanda?	*Oshini.*
Sha pumba?	*Onguyo yombwa.*
Sha pumba, nande konga?	*Oshihandhila shiitaalukunku.*
Sha pwikikathana/siikililathana?	*Evi negulu.*
Sha lya omwiidhi shaahe na mayego?	*Oompadhi.*
Sha sizimana shaaha tika?	*Oshawo shongombe.*
Sha ti mbunyu miizimba?	*Epala lyomenye.*
Sha ti mbwata kondje?	*Onkelo yekola.*
Sha tungumana mondjila?	*Omutudhi gwombushiki.*
Sha tya uuyulu kokwena ?	*Sha tya uutsi kekololo*
Sha tya tho?	*Iita yomageyu.*
Sha tya to?	*Ongala yevo, iiyanda yambuga.*
Sha tya tsi?	*Omutoko gwomukuku, uusila wangoongololo.*
Sha tya tuu tye/ti/mbyu?	*Enyaga lyepumputu.*
Sha nyenga aakulu?	*Okanona ke li mela, ku shi kutya okamati, nenge okakadhona.*
Sha nyenga ndje kupikula?	*Oosa dheshenge.*
Sha ziza shaaha gondjwa?	*Omuzile gwombutu, nenge gwoshifukwa.*
She eta omutse, osho ombuku?	*A hokana nyoko, oye ho.*

She ku kundike, she ku lundu?	*Okalya we ka helela, ke ku luntu.*
Shifundufundu shamulayi?	*Shi fundagula, shi ku tsiye omeho.*
Shiheke pombanda, shini pokati, shigandhi kohi?	*Omutse, okana nela.*
Shikulukuku?	*Shikola shaMusa.*
Shilema iha longwa ndunge?	*Shikokoma, iha lukilwa oyana.*
Shimbwimbwili shimbwimbwili?	*Mpamba kayi si meya.*
Shiyugulu ka yono pya?	*Omuntu omwiinayi, ka yono zimo.*
Shi taatala shi kulye?	*Shi konga, shi ku faalele.*
Shiti sha lukilwa fatuka?	*Osha tsa omukandi monufu.*
Shiti shaLukula, hwanduka?	*Ondjila, ngele ya hulu, galuka ko.*
Sisili-sisili momano?	*Petupetu momankono.*
Sho tuu tandi ya, okwa yola?	*Eelo lyegumbo.*

T

Ongano	Eyamukulo
Taamba mo, tuu ndjoka?	*Iikala yomuntu ndaaha shi ngano.*
Taamba, te pi?	*Iinyama yiinkundi tayi fike ndje.*
Tala omapelo?	*Tala omagandjelo gaantu,sho taya pe oyana.*
Tashi li ekunde, omolukunde shi li?	*Kuume koye, oye te ku kengelele/ yono po.*
Tashi ti tukunutukunu?	*Omuupiki gwekuya.*
Tashi zi kondunda tashi homa ?	*Okayuli komagongo.*
Tayi popile moshaanda/mOmbwela?	*Omvula.*
Tawu pata, tawu kunu?	*Tawu gwilwa, tawu pungulula oonto.*
Tentula, tentula?	*Takataka (fegula).*
Thimbithimbi moluhenene, e na ondapo?	*Nyokomweno moshikwiila e na omayego.*
To hupu omuthima to nipile ndje enono?	*Ino kanda uutana watate, ngo waho.*
To kombo, to lala?	*To kanda, to suulula*
To zi hwiya, sho osha yola?	*Eelo lyegumbo.*

Twa ka filile enima lyamushiinda, kali pwile okufila?	*Omuzizimba.*
Twa li kokule namukwetu, a kundwa tango?	*Ombwa*
Twa li kokule namukwetu, a thigala ko?	*Ompadhi.*
Twe ke shi kongele, inatu shi mona?	*Oholwa yehangu.*
Tsuulula uupuku, tu lye?	*Etha uufuthi, wu ninge kuume kandje.*

U

Ongano	Eyamukulo
Uudhano wa lundwa kuShikoko, nde Shiyengele te wu nuka?	*Oohapu dha totwa kugumwe, ndee gulwe te dhi yaka.*
Uukadhona waandjetu awuhe okoontanto?	*Iigandhi yaandjetu ayihe okiimato.*
Uunamutyaga tawu itidha mepya?	*Aakwaniilwa taya tumbathana kiipundi, natse aathigona, tu yeni.*
Uuta watate Shikomo?	*Ekunde.*
Uutsi konima yegumbo?	*Iitsikalya.*
Uutsi taka taganeke, okakwawo taka fumvike?	*Ofukwa nekunde.*
Uulimba tuu dhana omundongolo kokuti?	*Onona tayi dhana omundongolo mombiga.*
Uusiku wu na oonkali ihawu shi?	*Oongula dhomalwa kadhi indjana/ sha.*
Umba ekuma momuthima, wu uve ngele tamu ti ndowi?	*Ithana omuntu kiilongo, wu tale ngele ti iitale.*
Umbila okakangwa mombundu?	*Aalodhi ye ka toole po, ya tye ohima.*
Umbila okakangwa momulinda?	*Omuposi a tye oshinima she.*

V

Ongano	Eyamukulo
Vundungwa mokuti?	*Amupadhi mOnandoya.*

W

Ongano	Eyamukulo
Waha mangele?	*Papata.*
Wahe na mukuluntu gwoye, itsika?	*Wahe na ndenge yoye, itumbila.*
Walaula waAmukwiyu?	*Indongo yomuti mekololo (uulumentu).*
Wa huwa etoko?	*Nande gwaya.*
Wa li onguta?	*Wa li ondjala.*
Wa li othiko?	*Wa li eloolo.*
Wa lya shaKakodhi?	*Tala pombanda.*
Wa li tango?	*Ku lile.*
We shi itsika hashidhigu?	*We shi ipa mwene, kashi ehameka.*
Wu hole kaaKandongela, ye Kandongela kee ku hole?	*Wu hole omulilo, gwo gwaaku hole?*
Wu na okakombo koye lya?	*Wu na okatana kuuguga tula mombiga.*
Wu na ongumbu yoye, tyaya, omumbala oha ke ye ta yo to?	*Kushamukweni to popi, kushoye to tal' omeho.*

Y

Ongano	Eyamukulo
Yaali taa lu?	*Uulipamwe.*
Yoonkogo, taa leke?	*Yoondjo, taa papapta.*
Yu ulu, ya ninga ontsezi?	*Shiyengele a ninga eyoka.*

Z

Ongano	Eyamukulo
Ziyololo, dhopi?	*Oontana dhomafuma tadhi ka gwana.*

12.2. Iitetewongano

Oshitetewangano osho olungano lu li molupe lwehokololonyenko. Ohashi vulu okwiimbwa ashihe, nenge iitopolwa yasho yimwe.

Okwa li uukadhona nokamwayina Nehoya. Nehoya okwa lika po komathithi. Sho wa li tawu kongo okamwayina, owa paka po oombiga dhomakunde, oofukwa niikulya iikwawo iitoye oyindji, e ta wu hiya omathithi agehe kiikulya.

Uunona opo wu mone po ethithi ndyo lya lya po mumwayina, Nehoya, owi imbi tawu ti:

> Ethithi lya lya Nehoya lyameme,
> Nali ye okomakunde,
> Shigali, oofukwa li nyungile,
> Ngaashi lya ninga Nehoya.

Ethithi tali yamukula nokwiimba:

> Ongaye nda lya Nehoya,
> Nda lya Nehoya,
> Nda lya Nehoya, ite dhimbi,
> Sho tandi li omisati otadhi inyenge,
> Mipopo tadhi ti kumwe pwapwaka,
> Ngaashi nda ninga Nehoya.

Ethithi okwa li lya li unene nolya kuta okambaathela. Konima olya li lya kangwa kenota e tali ka nwa kondombe yaNaasheshengwa.

Epunda lyethithti olya topa kekuta. Epunda lye thithi sho lya topa, Nehoya naayehe mboka kwa li ya lika po kulyo, oya zi mo.

Okamati Enkembe

Ethithi limwe olya li li na egumbo nomukadhi noyana yaali, okamati Enkembe nokakadhona Naasheshengwa. Uunona mbuka owa li wu hole yina noonkondo, wo wu holathane wo. Yina okwa si, e tawu kala po owala nahe, ngoka a li ethithi.

Konima yeso lyayina yuunona, omusamane okwa kala hu undju okamwanamati e ka lye po. Okwa kala ha langele Enkembe miikulya nomomahala mo ha kala, he ende nosho tuu.

Enkembe okwa li ha ka litha iimuna, manga Naasheshengwa ta kala megumbo.

Esiku limwe ethithi olya langele Enkembe miikulya yomwiha, sho ta zi kuusita. Naasheshengwa sho e shi dhimbulula okwa matukile kuEnkembe kuusita e ke mu lombwele, e ti imbi ta ti:

> Enkembe-nkembe lyameme,
> Ngele we ya kegumbo,
> Omwiha ngwiya ino gu lya!
> Omo mwa hita ho yoye,
> A hala okahuli koye,
> Kanyama koye, Enkembe.

Enkembe ta yamukula:

> Naasheshengwa yameme,
> Naasheshengwa yameme,
> Naasheshengwa yameme,
> Ndu uvu ko, wa lombwele ndje.
> Ndu uvu ko, wa lombwele ndje,
> Tyaya uukuni wu shune,
> Tyaya uukuni uushona,
> kaaNambahu yeEngombe,
> kiisisilwasisilwa,
> kiiti ya goyakana!
> Wa adha efuma lya londo,
> Kadhila ka hiti ondjito,
> Hima ya ningi omawawa,
> Moshinenge wa piti mo,
> Moshindago wa fundula,
> Shika hashi kwata omaka.

Enkembe sho a eta iimuna kegumbo, omukulukadhi okwe mu lombwele a ka lye omwiha. Enkembe okwa yamukula kutya, ye ihali iikulya mu na aantu. Ethithi olya hituluka mo tali ipopile:

"O, okamentu ka kotokee!"

Ongula sho Enkembe a piitha, ethithi olye ke mu langela ishewe meelo, ye Naasheshengwa peni a lyate po, okwa ka lombwela okamwayina koongombe:

Enkembe lyameme,
Enkembe lyameme,
Ngele to ya megumbo,
Meelo mwiya ino pita mo!
Omo mwa kala ho yoye,
A hala okandjandja koye,
Kanyama koye, Enkembe.

Ethithi sho lya nyengwa oku mu mona, olya yi momukwiyu mo hamu kala Enkembe. Olya hiti monkwiyu, opo Enkembe ngele te ya, e yi toole po a lye.

Naasheshengwa okwa lombwele mumwayina, kaaha lye oonkwiyu momukwiyu ngwiyaka. Enkembe sho a thiki momukwiyu, okwa gu enkwiyu limwe enene nawa, e ta ti:

"Ondhiye yandje ombwanawa nonene nawa!"

Okwa kutha egonga, e te yi tsu. Ethithi olyi igidha mokule:

"Enkembe mumwandje, to dhipaga ndje, Enkembe mumwandje, to dhipaga ho!"

Enkembe okwa yamukula owala ta ti:

" Ngame ki na ootate haya kala moonkwiyu."

Ethithi opo lya hulila mpoka.

Enkembe nokamwayina, Naasheshengwa, taya kala megumbo lyawo nombili.

12.3.   Oondjimbongano

Ohaku hokololwa omusamane Nandago yaAmukwiyu a li ko. Siku limwe mokweenda kwe, okwa teya oompamba dhuuwa. Opo a hupe, okwa dhiladhila okwiiwewa nokutembuka mo mOndonga. Okwa longekidha oyana niimuna ye, e taya kwatele omausiku kumwe.

Manga taya ende mokuti, oyu uvu onime tayi pumbu. Aanona oya li ya haluka noonkondo. He okwe ya tsu omukumo ta ti:

> "Onime ndjoka ya lya okakulukadhi, omusamane a kulupa nokanona, Enkembe. Ofule ngaashi ngame, kayi na sho tayi ningi ndje."

Ya thiki poshitenya she shomwana Nehoya, kwi ya tungila poongamba dhUukwambi nOngandjera. Etembu lya lala moka. Ongula kwa sha, omusamane okwi ithana Nehoya a tale oongombe dhahe nayina. Moku dhi tala, Nehoya oshe mu hende komwenyo, oshoka egumbo lyahe oku wete lya halakana po.

Omusamane Nandago okwa tameke ihe ti imbi uupongo ta ti:

> Kapundja mumwandje, tu tondoke!
> Kambambi, mumwandje, tu endelele!
> Tu ye kUukwambi nOngandjera!
> Iitunda yaantu, kayi kalwa.
> Iilongo yaantu kayi lililwa
> Yakweni ye ku thigile ombandje.
> Onkoshi yomiiti ya lala,
> Onime yomiiti yaNgandjera.
>
> Yu ulu, nongame ndu ulu wo,
> Ya gono, nongame nde yi gonene.
> Ya kinga, ya lya omukulukadhi,
> Onime ya lya omushungu megumbo,
> Nokanona kokamati, Engombe,
> Engombe lyaShikuluwala.
> Ofule, ngangaye tayi ningi ndje shike?
>
> Nehoya wu pita wo kondje!
> Nekoto wu pita wo kondje yeelo,
> Wu tale oondumetana dhaho,

Omagombe omakulu gaho nanyoko,
Sho ga tya uutayi go ontela,
Ga valwa mumvo wa lile endongo,
Endongo omo medhilakola.

Omutima tagu itsu kemanya,
Omwenyo tagu itsu koshithindi,
Kekuma lyandundu lya kuluwala,
Nkulunyandi yandje, nkulunyandi,
Onyandi ya gwa pombanda puule,
Pokati kUukwambi nOngandjera."

Okakulukadhi taka pepele newewe

Andiya ndi ku tungile oongano,
 dhaNehoya lyethithi,
Dhomukongo a ka konga.
Nda adha okakulukadhi,
Taka hugile iikombo,
Taka pepele Newewe,
LyaNgula yaMukomoni,
Lyomutse omutoye ngombuku.
Ngay' nda ti: "Endje ndi nwe."
Ka pe ndje omeya genono.
Nomutudhi ka nina mo,
Ngaye te ti: "Hago he nu."
Taka pe ndje omayelele.
Ngaye nda ti: "Ogo he nu."
E taka ti: "Tu ye kegumbo."
Ka pakele ndje p'ethima,
Li thike pomutse gwandje.
Nomutudhi ka nina ko.
Ngaye te ti: "Halyo he li."
Ngame e tandi yi.
Nda adha Kahanda ta tsu,

Kaguti ta kombelele.
Ngay' nda nuka, nda tsu mo.
Nda tutha mo iilya yimwe.
Kahanda ta ti: "Nda pumpa."
Kaguti ta ti, "Nda palamena mondjila."
Yaakwati yomafuma,
Yaali yoombelela.
Ngame e tandi yi,
Nda adha omayi gonkanga,
Kaan' ino ga guma,
E th' omusimb' e ende po,
I ikutulile mekwa,
A vale mo okanona,
Epalu lyokiikombo,
Nuule wokoontana,
Itaka lala mo,
A ka kong' ontana,
Ya valelwa miiyale,
Ya pandekwa mepokolo,
Mbeya oyo aana yalye,
Aana yaNiikaku,
Taa pangel' oongaku,
Taa yi keinga lyawo,
Kiikuni shi ityaya,
Komililo shi iyeta.

Nehoya lyaMbamba

Nehoya lyaMbamba yaMvula,
Tegelela uukwe woye,
ONehoya lyaMbamba yaMvula,
ONehoya lyaMbamba yaMvula,
Tegelela uukwe woye,
Tegelela uukwe woye, tandi ya.
Kwat' mbaambaa yoye,

Kwat' ombaambaa yoye,
Mulindingoma yomathithi.

Googani

Googani lyaNankali yanono,
Nde mu tsakaneka, nde mu ts'okati,
Yina tu umana, ngaye te shodha.
Kiitunda tamu tool'omawe
Kiidhiya tamu ts'omutse mevi,
Googani, Googani.
Googani lyaNankali yandema,
 kiikango yaNaatekene,
Nde ku tsakaneka, nde ku ts'ohoma.
Nyoko tu umana, ngaye te shuna.

13
Omaitango nokutanga

Omusindalongo gwookukululu ogwa li gwa mbonzeka, pwaa na sho gwa thiga ko
shonkalamwenyo. Omaitango gaantu, omatangumuno giimuna, omiti nayilwe, nago wo
oga kala ga kwatelwa mo.

13.1.   Eitango lyofule

Shityalaga shi hol' omvula;
Okambwa ke hol' omulilo,
Ka fa haka huhulukwa.
Ando okwa li okagwanga melundu,
Ando elume linika.
Ando okwa li elapi,
Ando okashapapa ku udha.
Mupopiwa neyeme,
Muhokolwa nehodhi tali ndonda.
Nda f' Omwiingilisa,
Nda f' Omundowishi ta lal' evi.

13.2.   Okutanga omulunga

Omulunga gu li mepya lyIinkono,
ongaKwedhi kwaNdapo,
Omulunga gwa pukulula oondjendi
naambo taa tembuka.
Niikesho, wa tuma ndje kiilongo,
Nda adha epole lya nena.
Omulilo gwomombiga okuhepa,
Etembu oshipongolitha.

13.3. Okutanga Ompo

Negaga lyaMapalala gwaMayenge,
Ondhila yUupeke,
Tu pa omayi, tu pa omayenge,
Tu ka hukile kentoko lyetu!
Ondhila yUupeke,
Tayi opaleke aafuko,
Ondhila yaMbondi!

13.4. Okaimbilo kaPumputu

Elaka onde li landa naPumputu,
Epumputu tali ti ndje:
"Omuntu, omuntu, ongowela ayihe nayi ngowele."
Oshike mwe tu ithanene?
Iithima tamu pe oombwa,
Malovu tamu nwine kuukololo,
Ongowela ayihe nayi zimine.
Ndi mu lombwele oongombe.
Oshilungu oshiwanawa nokulya omaliwa,
Oshikana oshiwanawa nokulya oontanga.
Oontanga nde dhi lithwa kondjala,
Oshindjala, oshindembi, shi ile huka.

14
Omatangumuno goongombe

Monakuziwa ongombe oyo eliko enene lyOmuwambo lya shiga ko, onkene omatangumuno goongombe oga za haga dhengele. Oga kala haga longwa aamati poohungi, kiigunda, muusita, pomahugilo nokoohambo momakuti.

14.1. Kalimbo

Ongolo yomOnamundindi,
yomOnangolo, Kalimbo.
Yondapo shipoolela,
Ondapo ya tika shimboyo.
Ya tika yaNuululu,
yaShihenguti, Kalimbo.

14.2. Mbambi

Elapi lyandje lyaNuuwela,
Lyokuumbangala, Mbambi,
Lyoongondo komagulu,
Ando mwa li aantu, Mbambi,
Mbambi, ando mwa kulupa nale.

15
Eso nepako lyomuntu mOshiwambo

Momatumbulo gAawambo omwa tiwa, Kalunga ohi ile po aantu ye, e ya fale nkoka a kala. Mokulila oosa kwawo ohamu uvika ishewe omatumbulo ngaashi nga taga landula:

- *Kunda oongundu.*
- *Oho teke omeya.*
- *Oho tala konima.*
- *Ngele kwa luudha, ongame tandi ya.*

Tashi ulike nokuholola kutya, Omuwambo okwi itaala omwenyo tagu tsikile konima yombila.

Eitaalo ndyoka olya tula oshimpwiyu oshinene mOmuwambo, opo uuna gumwe a si, a silwe oshimpwiyu nokupakwa.

Eeno, ngiika opwa li moompito dhimwe aasi yamwe ihaaya pakwa, molwoshipwe shontumba, (yeleka omisindilo/iidhila no 119).

Ashike nakusa oha pakwa mehala lyu ukila kepipi, komuthika, kondjundo nokuuvalekele. Omusamane, mwenegwegumbo, oha pakwa *moshigunda*, omukulukadhi *opelugo,* nenge *konima yondjugo.*

Omukadhona oha pakwa ponima *yoshini,* manga omumati ha pakwa *koshigunda shuutana*, ko okahanona taka tulwa *moshisitameno.*

Nakusa ngoka eso lye, pwa konekwa lye etithwa kushontumba okwa li hashi vulika ta ka pakwa palwe, *poshaale, poshihwa*, nenge *kokaheke. (yeleka omisindilo moonomola 75, 76, 95).*

> *"Nyoko, nyokokulu , nenge ho, okwa ka likola oombeke kokaheke."*

Etumbulo ndyoka lya kala hali lombwelwa unene aanona, olya za komapako goludhi ndwoka. Ombila yomuntu ihayi thigwa owala, ihe ohaku tulwa endhindhiliko, opo yi konekwe.

Kombila yomusamane, mwenegwegumbo, uuna a pakwa moshigunda, ohaku *pwikikwa oluhaka.* Yomumati ohaku tulwa *oshihe/oshipani,* ihe yomupahakadhi ohayi tulwa *ombulu* yomuhi. Ombila yomukadhona ohayi tulwa nayo okapani, nenge endhindhiliko lilwe. Omukiintu ngoka a si inaa vala nando okanona, oha fumvikwa *nokanona koshiti mekolo.*

Omukwaniilwa ngoka a pita etanda, omudhimba gwe ogwa kala hagu kuwikilwa *mekunka lyongombe etalala,* e tagu dhikilwa okangulututu *kiiti yokwakola* nomolwasho oompampa hadhi monika, sigo onena mOwambo (yeleka omisindilo no. 92).

Omandhindhiliko agehe ga longithwa koombila, kugo kakwa li haku monika sha shilwe.

Omatumo sho ga thiki muAfrika, sigo nokOwambo pomimvo 1870, aantu ya tseyithilwa nokwiilonga oohapu dhaKalunga, okulesha nokunyola, opwa tamekwa okutula *oshiti, nenge oshitenda shomushigakano* kombila yomukriste.

Elalakano alihe lyomandhindhiliko ga tulwa pokuma, ehala lyaaha kane nondjokonona yaaha dhimeye.Emanya ohali utha ishewe uukolele tawu kala ethimbo, wu vule woshiti nayilwe.

16
Elilo lyoosa mOshiwambo

Nomuuyuni mbwiyaka aantu oya kala haya lilwa, ngele ya si. Monale aasi ayehe oya li hashi vulika ya pakwe esiku ndyoka. Ashike oosa odha kala hadhi lilwa sha yooloka nosha landula uukwatya wanakusa ngoka ta lilwa.

Oosa dhaawa ohadhi lilwa shi ili, dhomuthigona osho wo. Elilo lyoosa dhaakuluntu oli ili nolyuunona, lyo elilo lyoosa dhuumati odha yooloka kodhuukadhona miitumbula.

Etangumuno lyomoosa dhosheeli halyo lyontowele, lyo ishewe halyo lyoosa dhonkelo.

Omukwaniilwa okwa kala halilwa uule wiiwike yontumba, nenge omwedhi nokuli, manga aathigona aakuluntu ya li haya lilwa, omusamane a pita etanda omasiku gane (4) lwaampo. Omusamane gwakwalukehe omutumba gwoosa dhe halwindji hagu pitililithwa pomasiku gaali (2).

Omugundjukamati/kadhona oosa dhe ihadhi lala, manga okanona haka pakwa siku tuu ndyoka ka hulitha. Okwa li kwa kala oonkulungu dhowina dhaatangumuni yokulila moosa dhOshiwambo, oya li haye shi ningi paiholelwa tayi landula:

Okulila oosa dhomukwaniilwa

> *Omo e li, ke mo, ke mo,*
> *Nanyemba dhomagwe, ke mo, ke mo.*
> *Nda li kutala, ke mo, ke mo.*
> *Kwa mbolongondja, ke mo, ke mo,*
> *Kwa mbolongondja, ke mo, ke mo.*
> *Kelugo lyambanda, ke mo, ke mo,*
> *Kelugo lyambanda, ke mo, ke mo.*
> *Kwa z'uulume, tuu ya, tuu ya,*
> *Kwa z'uulume, tuu ya, tuu ya,*
> *Kwa z'uulume, tuu ya, tuu ya.*
> *Lya luudh ' owalee, ke mo, ke mo*
> *Lya luudh' owalee, ke mo, ke mo,*
> *Lya luudh' owalee, ke mo, ke mo.*
> *Yayee, tate, ke mo, ke mo,*
> *Yayee, tate, ke mo, ke mo,*
> *Yayee, tate, ke mo, ke mo,*
> *Yayee, tate, ke mo, ke mo,*
> *Yayee, tate, ke mo, ke mo,*
> *Yayee, tate, ke mo, ke mo.*
> *Omo e li, ke mo, ke mo, mwene gwiita.*

Omo e li, ke mo, ke mo,
Omo e li, ke mo, ke mo,
Ombago ya si, ke mo, ke mo,
Omo e li, ke mo, ke mo,
Ombago ya si, ke mo, ke mo,
Omo e li, ke mo, ke mo,
Lya luudh' owalee, ke mo, ke mo,
Omo e li, ke mo, ke mo,
Omo e li, ke mo, ke mo?
Ombago ya si, ke mo, ke mo.
Amipindi dhanyokwee, ke mo, ke mo,
Omo e li, ke mo, ke mo?
Oontunda dha popi, ke mo, ke mo,
Omo e li, ke mo, ke mo,
Onkutuwa ya tengwa, ke mo ke mo,
Omo e li, ke mo, ke mo,
Yaye, tate, ke mo, ke mo.
Iimene yaKathindi,
Ondjila yohango, ke mo, ke mo,
omo e li ke mo, ke mo?
Tatekulwee, ke mo, ke mo,
Tatekulu, ke mo, ke mo,
Omo e li, ke mo, ke mo,
Gwosizi yandje, ke mo, ke mo,
Gwombambi yandje, ke mo, ke mo,
Omo e li, ke mo, ke mo.

Omuwa omukiintu oha lilwa taku ti:

Yayee, kukwee, ke mo, ke mo, yayee kukwee, ke mo, ke mo.
Omo e li, ke mo, ke mo, omo e li, ke mo, ke mo,
Nuunyalonee, ke mo, ke mo,
Nuuhangona, ke mo, ke mo, Nuuhangonee, ke mo, ke mo.
Omo e li, ke mo, ke mo.
Nuunyalonee, ke mo, ke mo, Nunyalonee, ke mo, ke mo.
Omo e li, ke mo, ke mo.

Okulila oosa dhomuthigona

Omusamane, ngele oye a si, omuselekadhi ohe mu lili ta ti:

> *Yayee-ee, mwali mukwetu!*
> *Yayee-ee, yayee-ee, mwali mukwetu, mwali mukwetu,*
> *We ekelehi oondhilona dhandje, we dhi ekelehi.*
> *Oho tala konima, oho tala konima, ngele kwa luudha ongame.*
> *Oho tek' omeya, oho tek' omeya, ngele kwa luudha ongame tandi ya.*

Oyana ohaya lili he taya ti:

> *Yayee- e, tate, yayee- e, tate!*
> *Yayee kuume kandje!*
> *Tate, tate wi ilangele awike,wi ilangele, wi ilangele.*
> *Ehinga lyo omboloka oombwa, ehinga lyo omboloka oombwa.*

Aatekulu ohaya lili yinakulu taya ti:

> *Yaye-ee, kukwee, olye te edhilile ndje?*
> *Olye te edhilile ndje, ohwii kundu kukwee!*

Oosa dhomukulukadhi

Oyana ohaya lili yina taya ti:

> *Yayee meme – ee, yaye, yaye!*
> *Yayee, meme – ee, we tu ekelehi.*
> *Ohwi ikundwee, ohwi ikundwee, kahwaa kandje.*
> *Ohwi ikundu nawa, ohwi ikundu nawa,*
> *Naluvalwee, naluvalwee.*
> *Ehinga lyo omboloka oombwa.*
> *Oho tala konima, oho tala konima.*
> *Ngele kwa luudh' ongame tandi ya, yayee.*
> *Oho ya kundu, oho ya kundu.*
> *Oho tek' omeya, oho tek' omeya, yayee, yayee.*
> *Olye te edhilile ndje, olye, olye, olye, olye?*
> *Yaye, olye te edhilile ndje?*

Oosa dhosheelimati

Moosa dhosheelimati yina oha lili ta ti:

Yayee, mutango gwandje, nakuly' uugundjuka, yayee.
Nakuly' uugundjuka, yayee, kuume kandje!
Mutango gwandje, yayee, mudhi nandhimbo yaa monika.
Yayee, omulodhi e nonyanya, ila po onyama yoye!
Yayee okamwandje, yayee, okamwandje!
We ekelehi ndje mutango gwandje.
Yayee Mundonga, yayee, yayee!
Wa teya ndj'ombunda, wa teya ndj'ombunda,
Mumati gwandje, nena olye ta tyayele ndje iikuni,
Omutyayi gwiikuni yandje, olye we?

Osheeli tashi lili oosa dhonkelo tashi ti:

Yaye- ee, nkelo yandje, yayee, yayee!
Onkelwee, onkelwee, yayee,
Onkelo yameme, yayee, onkelo yameme, yayee!
Onkelo yandje.
Yayee, mumati gwandje, yayee, yayee, yayee!
Onkelo, onkelo, yaye nkelo yatate nameme!
Olye ti ithana ndje we osheeli,
 olye ti thana ndj'osheeli!

ONTUMBU YIITYA YIMWE YA LONGETHWA MEMBO NDIKA

agudhuka	*etha,thiga po (ohaluka/ombaadhilila)*
dhiga	*takashela (omayenge)*
dhiga	*nyanyagula (omboga noludhigo)*
dhiga	*dhenga (kemanya lyoshitoloha)*
dhiga	*thengathengathenga*
dhilika	*indika, indikila*
dhiyika	*oloya, tiligana*
edhelele	*shaahe na ngushu*
edhila	*eniga (oshihikomwa shanamunganga)*
edhila	*shiga, siikila, pata*
egoogani	*ondhila onene yokooha dhomeya*
ehegele	*oshikangwamongwa*
ehomya	*elopa, (omboga ya pya, hayi liwa inaayi dhigwa)*
ehulungu	*ompolongela, uukwaana mathikameno*
ekakamufule	*okatindi (komomeya, haka liwa, unene kaasitangombe)*
ekenyuwa	*eyeme (uudhano wiiyolitha, okuhila oshipa shoshipala (pohungi)*
ekongongo	*omukuma, oshitendwa, oshitopolwa*
ekunka	*ombanza (yoshinamwenyo ontalala)*
elulo	*oludhimbo, olundya*
endigu	*onyoka*
endjaendja	*nyonganyonga*
endja (mo)	*eta mo, pena ko*
epogo(lo)	*eyono, etaagulukompango*
epongo	*kalekela (mweendaguli, omwaalaali/ muyaayai)*
epwanga	*omazindampadhi, owala, osima (pwaa na etompelo/lalakano)*
esingi	*omufuuli (omukiintu)*
esinzi	*ehala lyiigandhi (megumbo)*
etamu	*ondjambi (iilonga yomepya yi na omatelekela)*

etende	*ekondo (lyondjamba)*
epu	*ongongo (ya kukutila miiyula)*
ezilolwa	*egongwa (lyomulunga)*
gugwa	*lengwa, ngugika, honipala*
gumbwa	*udhilila (elilo lyoshimbombo lya gumbwa)*
hedhahuka	*ndembula, kukutila, lunduka (momikalo)*
hokela	*hitilila, hadhahadha, kongakonga*
hula mo	*shunduka, kanitha olwaala (oshiyata)*
hula mo	*hukula, kutha mo(oonguyoyo*
hungula	*tilahi ko, pimpa ko (kondjupa)*
hungula	*teyagula (uuzigo)*
hwilingita	*hita, (kana po neendelelo)*
ihoontali	*ontaliiho, omutonateli, omulangeli, omukodhilili*
ikukutsandje	*evo (lyondiithule, li na omakwega)*
inda	*pinga (mokugulu)*
inda	*humbata (oshigandhi, nenge sha shilwe komutenge)*
inda	*ya, za (pokuma)*
ipumpuka	*ihaluka (itsa shoka sha pumba)*
iigondhi	*ethimbo lyopokati (manga okanona inaaka lukwa)*
iikokotenge	*onyula pomatsakaneno gomasipa (moongolo)*
iikokotenge	*oshitopolwa (meni lyezilolwa)*
iikopakopwa	*iikongwakongwi (mevi, mokuti nenge momeya)*
iikungunika	*oshiningililamo (olupekotokelo)*
iikwamakunde	*oofukwa, oombundufukwa, omakunde nomapoke*
iikwamuma	*iikwandanda, omahangu, iilyawala nepungu*
iimwaka	*oshiningililamo*
iipwaendo	*iihuna, iinyanyalithi*
iipwaendo	*omazindampadhi, inapu adhika elalakano*
iiwengendje	*iifulwamevi (ongopolo, oholo, oshingoli, osheela)*

iingeno	*iihwali, (iidhika yegumbo lyuuwa ya dhingwa nohayi mangithwa omihuya)*
iingoga	*iigondayaleko (unene mohango yiitsali)*
iindukutu	*iiyetimipya, iipiyaganeki*
iinonoma, iinamakata	*iidhila yoshilongo*
iiyumbanantumpi	*iihaluthi, iitilithi*
kakutunwa	*kwaatiwasha, ethela*
kaposikayaalela	*mokwaashiwo*
kendjengela	*lulila, vulitha, lolodha, kenyeneka*
kenka	*pela, yuguna*
kodhilila	*tonatela (nuudhiginini)*
kondowala	*gogowala, nyonyanyonga, kongakonga, kowakowa, siisila-siisila*
koka	*lunduluka (palutu)*
koka	*hila, pwedha*
kowakowa	*tala kondowala*
kula	*kutha mo eyego*
kula	*gola (osheelo shegumbo)*
kuyunga	*telauka, lompauka*
lompokela	*nukila, mbulukutila*
lunda	*tameka (uudhano)*
lunda	*vula po, pitilila, lundalala*
lwa	*yugana (lwa ekumbu)*
lwengauka	*lengalenga, talatala (nokufegauka)*
mita	*simbapala (manga inaa fukikwa)*
mutyakemo	*oshinyanga megumbo (mpo hapa kuutumba omusamane)*
mwene gwiita	*tatekulu, mwenegwandje, nkeyama*
mwihuka	*fatuka, yola ohaluka*
nalongo	*sigo*
navulwa	*sigololo*
namunganga	*mukomeho, muwilikihango yiitsali*
namutseyatsikwoombinga	*shiyeni, shiziilongo; shaa shi shampoka*
nangwaka	*nakuvala (mukulukadhi)*

ndhindhila	*dhimbulukwa (sha mewiwi)*
ngaathela	*kukutila, lunduka, tyopokela*
ninikidha	*tsaangidha, hadhahadha, ugadhala*
nofu	*lulwe (ngulanale)*
nyaangidha	*hadhahadha, lyatakana (tsaangidha kohi yomeya)*
nzanda	*zaleka, opaleka, poleka*
ohedhahuka	*ondembula*
ohukulapakapo	*okuteleka, okulyaagula (pwaa na elandulathano)*
oka	*sheka, lota, mwena po (omvula)*
okagulu kondjuhwa	*okukoka ombinga (moondunge)*
okaheniidhi	*okagwangaidhi (haka henuka omatemo, haka dhindolitha omagongo)*
okapoko	*omalovu giilyawala iipe;okatuthi koshipe shiilyawala*
okashila	*oshityashonopeko (okashila koshinamwenyo)*
okashila	*okanto, okayelogona (kegumbo, unene lyuuwa)*
okaaga	*okatungwa koontengwa dhomukulukadhi, ihaaka piti mundjugo wala*
olukata	*okukuutumba omagulu ga gonywa*
olukona	*oshiimino, etamekotameko*
olukula	*oshitethi, oshimbapeki*
olukula	*omugwayo, omuhopi*
olundya	*elulo, oludhimbo*
olutengwa	*okapulupulu komagadhi gokugwaywa (gaakiintu)*
olwagogwa	*ondiinkwatela, uukwaanelandulathano, oshimbwilikita, okwaaputuka*
olwali	*ombinzi (konima yokuvala kwoshinamwenyo kehe hashi yamutha)*
omagwepa	*uutoye (hawu tukuluthwa kewegathano lyiilyolutu)*
omatende	*omakondo gondjamba*

omayoyo	*omaantikinini (oombuto dholuvalo momulumentu)*
ombalu	*omupya (gwomambungu, omayoka)*
ombalu	*olukwengwe (lwomagadhi, omahooli kombanda yomeya)*
ombeyo	*olupe (unene lwomuntu)*
ombosi	*omoosi (omahini go ota, e taga liwa inaaga hikwa)*
ombunzilwa	*ohaluka, meukililo*
omeengweno	*oombedhi, oonkoto, omakeko*
omufunya	*omulomboli, omutonateli*
omukolongondjo	*okutsa koshini kwaa na sha*
omoosi	*tala ombosi*
ompalo	*oshikumamongwa*
ompampa	*ombila (yomukwaniilwa)*
ompiku	*oshiimati shepungu*
ompulile	*omunankondo nomunameho (paitaalo lyOshiwambo)*
omungo	*ongushu*
omupembala	*omutungagumbo omupe*
omupogoli	*omuyoni, omutaagulukimpango*
ondjela	*oshuululithi (shomupini gwekuya, gwetemo, nenge ondjoko*
ongoko	*ompoko, ondungu (yasha)*
ongondji	*omugondjo (olupe lwehambelelopandulo, nenge wo okunika oluhodhi)*
ongondo	*omuzalo gwopoompando (dhaakulukadhi gwa hambulwa moshikushu)*
ongwaya	*ekumbyatha lyiipa yiikombo/oonzi (ya hikika noya hondjelwa kumwe)*
onsha	*enkisha, etandela (moshipa)*
onkwanuukala	*onyamakuti/ oshiyamakuti*
okapulupulu	*okapungulitho (okambago)*
okudhuga ondumbu	*okugalangatitha oshiteta kombanda yomihanga*
onkelenge	*omudhu, ompwedha*

onkeshenga	*uusila womahangu inaawu tsuwa noomuma nenge wu nengekwe*
onkoleka	*omagano (yomagongo, nenge yomongwa)*
onkombambinzi	*ofutondjo (yedhipago)*
onkunya	*ondhimbo yomutse*
onkuluwa	*omukuluntu*
onkutuwa	*omuzalo gwowina gwoshipa (pamuthigululwakalo)*
onkwa	*oshiimati shomukwa*
onkwao	*shimpwiyu (nomuntu omukweni)*
onkwele	*ofuto yepunda lya hoywa mo*
ontanganayina/ oshinantanga	*iine ya tsuwa, e tayi zikilwa uusila woontanga*
ontanayamulondi	*tatekulu, mwenegwandje, nkeyama*
ontanzi	*omutenge (gwontala yokulala)*
ontsimpulile	*evundakano, okwaanalandulathano (monkalo lyanakupwe)*
Ontsitho	*ohonga (komutenge gwomunekango)*
ontungwanangalo	*okatindimeno komomeya haka liwa kaasitangombe*
ontumbu	*esimano, eityo (lyasha)*
onyuwi	*uupambu weliwatanga hawu liwa tawu yuulwa momeya*
oshaho	*oshilalo (unene shokutsuwa, yahwa)*
oshaatu	*onkalo yuumbanda momusimba, ngo ha tula aalumentu mumwe*
oshihupagela	*embombo lyuusila wongaya*
oshihutu	*oshihampulwa shoshihupagela nomeya*
oshimbu	*onziililo, etamekotameko*
oshimbu	*oshihwa hashi imi oombu*
oshinangombe	*ekango (oshilukadhina)*
oshindefa	*oshindindi, omukadhona gwepipi lyopokati*
oshinkene	*egadhi (monyama)*
oshinkenya	*omunona natango ("oshinkenya shi n' omahini mokana")*
oshiluta	*eso lyohaluka (molwoshontumba)*

oshilyateka	*oshinino/ oshihundameno shaafukikwa (ethimbo ye li miitsali)*
oshilyateka	*oshigunda shiimuna shopakathimbo (okutoyaleka epya nuuhoho)*
oshipakolwa	*iitandu, iitekela (yondjupa, yomayi nosho tuu)*
oshipele	*osandandi (oshiimati sha kukuta inaashi pya)*
oshipele	*iisanashunga (iilya)*
oshithonono	*oshiti hashi tulwa peziko oshitalala pethombo lyohungi*
oshiyanangolo	*onkatu yimwe yomolufuko*
otha	*okapuka (komiituntu, haka liwa kuyamwe)*
otha	*omvugo, ondambo (hayi gongala omeya)*
oompundo	*uushiinda nuuwa*
oomuni	*omulendjugo (ontsi yolwithi lwomutoko moombuli dhondjugo)*
oomuni	*iikololo yomeho*
oonganyutu	*oongandji (koshipa shomakunde petameko lyokupya kwago)*
oondya	*iikulya*
oondya	*omalulo (gomuhanga, oshimona nayilwe)*
oonkoto	*tala omeengweno*
saagela	*yamba, mbilipika*
shalambamba	*endaenda, elendjemba (pwaa na lalakano)*
shela	*yela po (za po neendelelo)*
shela	*pumba (pokuma)*
shela	*adhima, kenya (olwaadhi)*
shukashuka	*shikashika, inyengitha (pahedhi)*
sinda	*tenda (omusinda)*
sinda	*dhenga*
tanutha	*koneka, tseya (ndhindhilika sha)*
tentela	*telagana, tengauka, pilauka (kombanda yomeya)*
teta	*gega (nomwele)*
teta	*yagumuka nokumena iifo iipe (omukwiyu tagu tete)*

theta	*yoga (yoga olusi, omupya gweso)*
theta	*iyelitha (noshithima, omagadhi nosho tuu)*
theta	*thingonona (onkandja yuutati)*
theta	*kunkuta*
thowela	*fukila, hola, hokwa (sha)*
tulidha	*fudha po, tenteka pevi*
ulula uutoni	*eikandulomupya (lyomaiuvo gomudhipagi)*
ulumbwambwa	*pitililwa kusha (ondjala nenge wo oohedhi)*
unzila	*ethela, inekelela, pakulila (ashihe moonkondo dhe)*
uuguga	*uuniga (uufupi wa petuka)*
uuguga	*uukwikitho, uuthipithombinzi (oondungu dhooniga dha longithwa nale okuhila ombinzi molutu)*
uundindoli	*ehala lyokosindo yegumbo*
uupili	*ompilu (okupititha oompadhi tango kwokanona pokuvalwa)*
uunonawuuwa	*ondjala (endhindhiliko lyondjala hali monikila momeho)*
uuthipelungu	*uutoyetoye, toyee-yee!*
uutoni	*eiuvondjo nomupya (lyomuthipagi)*
uuyi	*ondjahi (euvonayi lyomadhiladhilo)*
winopeka	*nongopeka, longa, gandja owino*
yamba	*tala saagela*
yamba	*hokola (omuntu)*
zikila	*tula (uusila mombiga)*
zikila	*fila evi (momeho gagumwe)*

OMALUNZA

Omalunza maantu (Aantu ya pulwa nenge ya popiwa nayo)

Oonkundathana naakulupe moshilongo	2001 – 2014
Amuthenu, Gwaashana Malakia	2012
Amulungu, Nuuyoma Mvula Johannes	2012
Iimene, Asser Nakangula Ester	2012
Hango, Hertha	2012
Nalupe, Petrus	2008
Kandume, Moses Ruusa	2014
Iipinge, Mbangula Sakeus	2013
Shikongo, Paulus Linda	2014

Omalunza gomambo

Evangelical Lutheran Church in Namibia. (2002). Imba Omunona, Oniipa, Namibia: Eloc Printing Press.

Kuusi, M. (1970). Ovambo Proverbs with African Parallels. *FF Commmunications* LXXXVIII 2, No. 208. Helsinki, Finland: Academia Scientiarum Fennica.

Lehtonen, L. (1968). *Okambo kEhistori*. Oniipa, Namibia: Finse Sending Drukkery.

Namuhuja, H.D. (1996). *Ezimo lyAawa yaNdonga*. Windhoek, Namibia: Gamsberg Macmillan Publishers.

www.ingramcontent.com/pod-product-compliance
Lightning Source LLC
Chambersburg PA
CBHW081740270326
41932CB00020B/3341